智库 中社

国家智库报告 2018（24）
National Think Tank

新时代中非友好合作

"一带一路"倡议与中非产能合作

杨宝荣 著

THE BELT AND ROAD INITIATIVE AND CHINA-AFRICA
PRODUCTION CAPACITY COOPERATION

中国社会科学出版社

图书在版编目（CIP）数据

"一带一路"倡议与中非产能合作／杨宝荣著 . —北京：中国社会
科学出版社，2018.8（2019.4重印）

（国家智库报告）

ISBN 978 - 7 - 5203 - 3019 - 0

Ⅰ.①一… Ⅱ.①杨… Ⅲ.①区域经济合作—国际合作—
研究—中国、非洲 Ⅳ.①F125.4②F140.54

中国版本图书馆 CIP 数据核字（2018）第 193017 号

出 版 人	赵剑英
项目统筹	王 茵
责任编辑	喻 苗
特约编辑	车文娇
责任校对	郝阳洋
责任印制	李寡寡

出 版	中国社会科学出版社
社 址	北京鼓楼西大街甲 158 号
邮 编	100720
网 址	http://www.csspw.cn
发 行 部	010 - 84083685
门 市 部	010 - 84029450
经 销	新华书店及其他书店

印刷装订	北京君升印刷有限公司
版 次	2018 年 8 月第 1 版
印 次	2019 年 4 月第 2 次印刷

开 本	787×1092 1/16
印 张	10.75
字 数	106 千字
定 价	49.00 元

凡购买中国社会科学出版社图书，如有质量问题请与本社营销中心联系调换
电话：010 - 84083683

充分发挥智库作用
助力中非友好合作

　　当今世界正处于大发展、大变革、大调整时期。世界多极化、经济全球化、社会信息化、文化多样化深入发展，和平、发展、合作、共赢成为人类社会共同的诉求，构建人类命运共同体成为各国人民共同的愿望。与此同时，大国博弈激烈，地区冲突不断，恐怖主义难除，发展失衡严重，气候变化凸显，单边主义和保护主义抬头，人类面临许多共同挑战。中国是世界上最大的发展中国家，人类和平与发展事业的建设者、贡献者和维护者。2017年10月中共十九大胜利召开，引领中国发展踏上新的伟大征程。在习近平新时代中国特色社会主义思想指引下，中国人民正在为实现"两个一百年"奋斗目标和中华民族伟大复兴的"中国梦"而奋发努力。非洲是发展中国家最集中的大陆，是维护世界和平、促进全球发展的重要力量之一。近年来非洲在自主可持续发展、联合自强道路上取得了可喜进展，从西方人眼中"没有希望的大陆"变成了"充满希望的大陆"，成为"奔跑的雄狮"。非洲各国正在积极探索适合自身国情的发展道路，非洲人民正在为实现"2063 年议程"与和平繁荣的"非洲梦"而努力奋斗。

中国与非洲传统友谊源远流长，中非历来是命运共同体。中国高度重视发展中非关系，2013 年 3 月习近平主席担任国家主席后首次出访就选择了非洲；2018 年 7 月习近平主席连任国家主席后首次出访仍然选择了非洲；5 年间，习近平主席先后 4 次踏上非洲大陆，访问坦桑尼亚、南非、塞内加尔等 8 国，向世界表明中国对中非传统友谊倍加珍惜，对非洲和中非关系高度重视。2018 年是中非关系的"大年"，继习近平主席访问非洲之后，中非合作论坛北京峰会将于 9 月召开，这是中非合作论坛史上的第三次峰会。中非人民对此充满热情和期待，国际社会予以高度关注。此次峰会必将进一步深化中非全面战略合作伙伴关系，推动构建更为紧密的中非命运共同体，成为中非关系发展史上又一具有里程碑意义的盛会。

随着中非合作蓬勃发展，国际社会对中非关系的关注度不断加大，出于对中国在非洲影响力不断上升的担忧，西方国家不时泛起一些肆意抹黑、诋毁中非关系的奇谈怪论，诸如"新殖民主义论""资源掠夺论""债务陷阱论"等，给中非关系发展带来一定程度的干扰。在此背景下，学术界加强对非洲和中非关系的研究，及时推出相关研究成果，讲述中国在非洲的真实故事，展示中非务实合作的丰硕成果，客观积极地反映中非关系，向世界发出中国声音，显得日益紧迫重要。

中国社会科学院以习近平新时代中国特色社会主义思想为指导，按照习近平总书记的要求，努力建设马克思主义理论阵地，发挥为党和国家决策服务的思想库作用，努力为构建中国特色哲学社会科学学科体系、学术体系、话语体系作出新的更大贡献，不断增强我国哲学社会科学的国际影响力。我院西亚非洲研究所是根据当年毛泽东主席批示成立的区域性研究机构，长期致力于非洲问题和中非关系研究，基础研究和应用研究并重，出版发表了大量相关著作和论文，在国内外的影响力不断扩大。

为了服务国家外交大局，配合即将召开的中非合作论坛北京峰会，西亚非洲研究所与国际合作局共同组织编写了《新时代中非友好合作智库报告》。这是一套系列智库报告，包括一个主报告和八个分报告。主报告《新时代中非友好合作：新成就、新机遇、新愿景》总结了党的十八大以来，中非双方通过共同努力，在政治、经贸、人文、和平安全等合作领域取得的伟大成就，分析了中国特色社会主义进入新时代为非洲发展和中非合作带来的新机遇，展望了未来中非友好合作的新愿景和重点对接合作领域。分报告包括：《中非直接投资合作》《"一带一路"倡议与中非产能合作》《中非减贫合作与经验分享》《中非人文交流合作》《中非和平与安全合作》《中国与肯尼亚友好合作》《中资企业非洲履行社会责任报告》和《郑和远航非洲与21世纪海上丝绸之路》。它们分别从不同领域和角度详细阐述了中非合作取得的成就，面临的问题和挑战，以及未来发展合作的建议。主报告和分报告相互联系，互为一体，力求客观、准确、翔实地反映中非合作的现状，有利于增进人们对中非关系的认识和了解，为新时代中非关系顺利发展提供学术视角和智库建议。此外，这套智库报告英文版将同时出版，主要面向非洲国家和国际社会，向世界表明中非友好合作完全符合双方26亿人民的根本利益，完全顺应世界和平稳定与发展繁荣的历史潮流。

这套智库报告从策划立项到组织编写，再到印刷出版，前后只有5个月，时间紧，任务重，难免有缺憾和疏漏之处。例如，非洲国家众多，但国别合作报告只有一本《中国与肯尼亚友好合作》，略显单薄，如果至少有5—10本类似的国别合作报告，那么整套智库报告将会更为全面，更为丰满，希望将来有机会弥补这一缺憾，能够看到更多的中非国别合作报告。相信在国内非洲学界的共同努力下，我国的非洲研究和中非关系研究将不断攀登新高峰，从而更好地服务国家战略，助力新时代中非友好合作全面深入发展。

中国社会科学院副院长

蔡　昉

2018 年 8 月

摘要："一带一路"倡议是新时代中国对外合作的重要举措，其目标是通过更广泛国家的合作，创新增长和发展模式，为世界发展提供多元化发展选择和发展动力，打造人类平衡普惠发展。"一带一路"倡议下的对外合作是中非合作共赢经验的推广，是中国倡导的新型国际关系的体现。在非洲自主发展能力日益提升，并出台以市场为导向的行业经济发展规划背景下，深化中非产能合作符合非洲国家的发展需要，同时也要重视汲取国际合作经验。

关键词：中国　非洲　"一带一路"倡议　产能合作

Abstract: The Belt and Road Initiative (B&R) is an important platform of China's foreign cooperation in the new era. Its target is to provide diversified development options and impetus for the development of the world by the cooperation of a wider range of countries. The initiative embodies the idea of win – win cooperation international relations in a concrete operation. The experience of China – Africa cooperation is a vital source. Based on the situation of African countries' improvement of independent development capacity and the market – oriented reform, China – Africa production cooperation is in line with African countries' development. And during the course, international experience would be paid attention to.

Key Words: China   Africa   The Belt and Road Initiative   Production Cooperation

目　录

第一章 "一带一路"倡议及理念

一 "一带一路"倡议的形成与核心理念

"一带一路"是新时代中国构建新型国际关系的重要平台。"一带一路"所倡导的对外合作理念同"中非合作论坛"下的中非合作理念一脉相承。"一带一路"合作共赢原则是中国和非洲国家长期坚持的"和平共处五项原则"的新发展。

（一）"一带一路"倡议的概念及形成

1. "一带一路"倡议的提出

（1）"丝绸之路经济带"的提出

2013 年 9 月 7 日，中国国家主席习近平访问哈萨克斯坦，在纳扎尔巴耶夫大学发表演讲，回顾中国同中亚国家友好交往历史的基础上指出，2100 多年前的中国汉代张骞，肩负和平友好使命，两次出使中亚，开启了中国同中亚各国友好交往的大门，开辟出一条横贯东西、连接欧亚的丝绸之路。千百年来，在这条古老的丝绸之路上，各国人民共同谱写出千古传诵的友好篇章，沿途各国互通有无、互学互鉴，共同推动了人类文明进步。2000 多年的交往历史证明，只要坚持团结互信、平等互利、包容互鉴、合作共赢，不同种族、不同信仰、不同文化背景的国家完全可以共享和平，共同发展。这是古丝绸之路留给我们的宝贵启示。当前，为了使我们欧亚各国经济联系更加紧密、相互合作更加深入、发展空间更加广阔，我们可以用创新的合作模式，共同建设"丝绸之路经济带"。这是一项造福沿途各国人民的大事业。为开展"丝绸之路经济带"沿线国家的合作，习近平主席提出了以点带面，从线到片，逐步形成区域大合作的倡议方案。具体来讲：第一，加强政策沟通；第二，加强道路联通；第三，加强贸易畅通；第四，加强货币流通；第五，加强民心相通。

（2）"21 世纪海上丝绸之路"的提出

2013 年 10 月 3 日，中国国家主席习近平访问印度尼西亚并在该国国会发表演讲，在回顾中国同印度尼西亚等东盟国家友好交往历史的基础上指出，早在2000 多年前的中国汉代，两国人民就克服大海的阻隔，打开了往来的大门。15 世纪初，中国明代著名航海家郑和七次远洋航海，每次都到访印度尼西亚群岛，留下了两国人民友好交往的历史佳话。东南亚地区自古以来就是"海上丝绸之路"的重要枢纽。展望未来，习近平主席就中国和东盟国家加强合作提出要着重从以下几个方面做出努力。第一，坚持讲信修睦；第二，坚持合作共赢；第三，坚持守望相助；第四，坚持心心相印；第五，坚持开放包容。他还倡议要积极借鉴其他地区发展经验，欢迎域外国家为本地区发展稳定发挥建设性作用。同时，域外国家也应该尊重本地区的多样性，多做有利于本地区发展稳定的事情。

2. "一带一路"倡议作为国家行动方案的完善

从习近平主席就开展与"一带一路"沿线国家传承历史友好，加强互联互通，利用各自条件深化经济合作，共同发展的倡议提出，到 2015 年 3 月国家发展改革委、外交部、商务部联合发布《推动共建丝绸之路经济带和 21 世纪海上丝绸之路的愿景与行动》（以下简称《愿景与行动》），标志着中国"一带一路"倡议下的对外合作成为新时期中国对外合作的具体举措。

（二）"一带一路"合作原则及特点

1. "一带一路"的共建原则

落实"一带一路"遵循的原则整体上集中体现在国家发展改革委、外交部、商务部联合发布的《愿景与行动》。根据该文件，"一带一路"的共建原则主要包括以下五个方面：

恪守《联合国宪章》的宗旨和原则。遵守和平共处五项原则，即尊重各国主权和领土完整、互不侵犯、互不干涉内政、和平共处、平等互利。

坚持开放合作。"一带一路"相关的国家基于但不限于古代丝绸之路的范围，各国和国际、地区组织均可参与，让共建成果惠及更广泛的区域。

坚持和谐包容。倡导文明宽容，尊重各国发展道路和模式的选择，加强不同文明之间的对话，求同存异、兼容并蓄、和平共处、共生共荣。

坚持市场运作。遵循市场规律和国际通行规则，充分发挥市场在资源配置中的决定性作用和各类企业的主体作用，同时发挥好政府的作用。

坚持互利共赢。兼顾各方利益和关切，寻求利益契合点和合作最大公约数，体现各方智慧和创意，各施所长，各尽所能，把各方优势和潜力充分发挥出来。

2. "一带一路"原则的特点

其一，强调"共建"是中国构建新型国际关系的基础，反映了中国的国际合作强调以"合作"构建"人类命运共同体"的核心理念。共识是共建的基础，而相互尊重是共识的基础。"共建"原则的提出，体现了"一带一路"倡议下开展项目合作的基础条件，即尊重差异，通过对话、协商化解分歧和解决矛盾，在共同发展任务面前，彼此达成合作共识，劲往一处使，促进共同发展。正如 2018 年 4 月 10 日习近平主席会见国际货币基金组织总裁拉加德时所讲，"中国是负责任的大国，是现行国际体系的建设者和贡献者，我们将继续致力于维护国际秩序和国际规则，继续支持自由贸易、贸易投资自由化和便利化。国际社会应摒弃冷战思维，主张共同构建人类命运共同体"。

其二，尊重和维护国际秩序。将恪守联合国宪章的宗旨和原则作为"一带一路"倡议的首要原则，反映了中国国际合作倡议的基本立场，那就是坚定维护以联合国为代表的多边主义国际秩序，重视在国际合作中推动国际关系民主化。正如习近平主席在 2018 年博鳌论坛演讲时指出，"无论中国发展到什么程度，我们都不会威胁谁，都不会颠覆现行国际体系，都不会谋求建立势力范围。中国始终是世界和平的建设者、全球发展的贡献者、国际秩序的维护者"。尊重和维护国际秩序的立场是中华人民共和国成立以来对外合作的一贯立场，不仅在过去的发展历史中得到检验，还体现了中国的大国担当和责任。

其三，体现了中国外交政策或对外合作基本原则的连续性原则。一方面，20 世纪 50 年代提出的和平共处五项原则长期以来一直作为中国对外关系的基本原则予以执行。在60多年的国际风云变幻中，该原则一直得到中国的坚持，也成为世界公认的开展国际交往与合作的重要基本准则和国际法基本原则。另一方面，中国新时代着力推动构建的新型国际关系同和平共处五项原则一脉相承。当前，随着中国综合国力的快速提升，一些国家对中国的质疑和担忧不断，而仔细分析崛起中的中国新时代外交政策特点就不难发现，这种论调是长期唱衰或鼓吹"中国威胁论"的陈词滥调，早该休矣。正如2014年6月28日，习近平主席在和平共处五项原则发表60周年纪念大会上讲话所强调的，"我们共同纪念和平共处五项原则发表60周年，就是要探讨新形势下如何更好弘扬这五项原则，推动建立新型国际关系，共同建设合作共赢的美好世界"。快速发展和崛起中的中国在对外合作中仍将该原则予以坚持，体现了中国对外合作政策的连续性和与世界各国互信尊重和诚信合作的基本立场。

其四，以市场运作为导向的合作。一方面，新时代的中国发展仍将坚持改革和市场化导向。党的十九大报告中，习近平在讲话中表示"使市场在资源配置中起决定性作用"，表明中国经济发展坚持以市场为导向的方向不变。另一方面，中国的对外合作也是基于完全尊重相关东道国法律法规的合作及以市场为导向的合作。在发展进程中，以公开的市场手段资源换基建、资源换项目并不是见不得人的事情。相反，非洲国家在长期的对外资源合作中，资源被开发却没有得到发展，还进一步局限了非洲资源的开发以及社会经济的发展。这是对一些西方媒体认为中国的对非合作是新殖民主义观点的极大讽刺。事实上，在过去长期的发展中，保留长期殖民关系和"合作关系"的西方国家并没有为非洲发展长期迫切需要的基础设施带来足够的改善。正如津巴布韦前总统穆加贝所讲："习主席代表的国家，曾经是贫穷的，也从未殖民过我们，但是他正在做我们曾期待殖民者做的事。""自中非合作论坛成立以来，我们见证了中非关系的显著成长。毫无疑问，中国和非洲的崛起将为国际关系带来良性和深远的影响，确保国际治理体系的民主化。"①

其五，坚持以市场为导向的开放式、非排他性合作方式。"一带一路"是以市场需求为基础的合作倡议。一方面，它首先是以市场为导向的合作。这既体现了项目所在地标的市场导向，也体现了不同市场行为体参与合作的市场导向。正如《愿景与行动》中的原则所指，"一带一路"将遵循市场规律和国际通行规则，充分发挥市场在资源配置中的决定性作用和各类企业的主体作

---

① 《非盟轮值主席穆加贝：殖民者应该听听习主席的讲话》，2015年12月5日，http://politics.people.com.cn/n/2015/1205/c1001-27892548.html。

用，同时发挥好政府的作用。另一方面，它是排他性的开放式合作。《愿景与行动》的共建原则本身体现了该倡议的广泛合作性，也即中国并不谋求在项目合作中的独占行为。"一带一路"建设是开放的、包容的，欢迎世界各国和国际、地区组织积极参与。习近平主席2018年4月在博鳌论坛讲话时强调，"一带一路"建设是全新的事物，在合作中有些不同意见是完全正常的，只要各方秉持和遵循共商共建共享的原则，就一定能增进合作、化解分歧，把"一带一路"打造成为顺应经济全球化潮流的最广泛国际合作平台，让共建"一带一路"更好地造福各国人民。

3. 实施"一带一路"的顺序逻辑

"五通定位"体现通过"一带一路"合作解决相关国家发展问题的顺序逻辑。习近平主席于2013年9月7日在哈萨克斯坦纳扎尔巴耶夫大学发表的演讲中已经就合作明确提出，共同建设"丝绸之路经济带"造福沿途各国人民，"可以从以下五个方面先做起来，以点带面，从线到片，逐步形成区域大合作"。其中包括：第一，加强政策沟通。第二，加强道路联通。第三，加强贸易畅通。第四，加强货币流通。第五，加强民心相通。这五个方面既反映了中国开展"一带一路"合作解决各国发展问题的先后顺序，也体现了中国对自身快速发展经验的应用。

关于五通的定位中，加强政策沟通，是希望通过合作促进相关国家在政策方面的支持。其目的有两个：其一，这种沟通体现在相关国家达成对发展的一致认识。要清楚中国提出该倡议的根本目的是促进各自的发展。为此，针对不同国家不同历史、现实中所涉及的广泛的政治、经济、文化等分歧，要摒弃相互间的认识分歧甚至隔阂，让政府间的合作以真正促进各地区国家人民的发展为宗旨。其二，相关合作国家应该为发展提供积极的政策便利。世界的合作是应该基于市场为导向的公开、公平合作。中国政府大力推动"一带一路"合作，但最终的合作行为主体仍要落实到企业层面。在不同国家发展条件差异较大的背景下，在达到合作共识的基础上，决定合作重点，并取得政府政策支持，是实现项目落地进而推动社会经济发展的重要而有效的手段。这也是中国多年快速发展的重要经验。加强道路联通，是希望相关国家要加大道路基础设施建设领域的合作。其目的有三个：其一，消除国家间商品、人员流动的道路基础设施制约。其二，促进地区大市场的一体化发展，解决单一国家因为自身市场狭小带来的产业发展局限性，让不同国家的资源、市场禀赋的相对优势能够充分发挥。其三，通过基础设施建设合作，改善东道国市场投资条件。加强贸易畅通，是希望相关国家促进商品的流通便利化。

其目标有两个：其一，促进经贸合作政策便利化，消除贸易壁垒，降低贸易和投资成本。其二，提高区域经济循环速度和质量，实现互利共赢。加强货币流通，是希望加强相关国家在货币领域的合作。其目标有三个：其一，货币合作有利于经贸合作的便捷化。其二，货币合作有利于降低经贸合作成本。其三，更重要的是，加强货币合作有利于增强抵御金融风险的能力，提高本地区经济的国际竞争力。加强民心相通，目标有两个：其一，通过人民交往合作，增进不同民族间的相互了解和友好，从而实现相关国家人民对"一带一路"合作的支持。其二，在人民的经济文化交流中，让发展的成果造福相关国家的各族人民。

要选择具有成熟条件的节点国家或项目进行落实，并总结经验，逐步推广。在改革开放中，中国取得快速发展的一个重要指导思想是"摸着石头过河"，这是富有中国特色、符合中国国情的改革方法。习近平总书记于2012年12月在十八届中央政治局集体学习时指出："摸着石头过河，是富有中国特色、符合中国国情的改革方法。摸着石头过河就是摸规律。"对于中国的发展经验，习近平主席指出，今天我们还"要采取试点探索、投石问路的方法，取得了经验，形成了共识，看得很准了，感觉到推开很稳当了，再推开，积小胜为大胜"。新的实践也促使人们不断深化对改革的认识。习近平总书记指出："摸着石头过河和加强顶层设计是辩证统一的，推进局部的阶段性改革开放要在加强顶层设计的前提下进行，加强顶层设计要在推进局部的阶段性改革开放的基础上来谋划。"这种改革探索中不断总结规律并推动进一步发展的做法，无疑也是中国对外合作的重要方式。

二 "一带一路"与非洲"联合自强"

"联合自强"不仅是广大非洲国家寻求独立自主发展过程中长期坚持的原则，也是非洲国家寻求突破发展条件制约的重要手段。中国和广大非洲国家都是开放式自主发展的受益者，维护良好的外部环境符合中国和非洲国家的共同利益。新的历史条件下，"一带一路"将为中国和广大非洲国家深化合作、实现各自的奋斗目标带来新的机遇。

（一）新时代中国和非洲发展的历史使命

1. 中国的发展理念和历史使命

实现中华民族的伟大复兴是近代以来中华民族最伟大的梦想。新时代中国和非洲的发展任务是综合、多元化的。仅就中非合作涉及的经济和外交看，主要包括以下方面。

（1）中国的经济发展理念与发展任务

其一，新时代中国的经济发展理念突出体现在以"改革"求"发展"。总体方向为，高举中国特色社会主义思想旗帜，围绕中国"两个一百年"发展目标，坚持解放和发展社会生产力，坚持社会主义市场经济改革方向，建设现代化经济体系并推动经济持续健康发展。改革的主要内容包括深化供给侧结构性改革、建设创新型国家、实施乡村振兴战略和区域协调发展战略、完善社会主义市场经济体制、形成全面开放新格局。

其二，新时代中国经济发展的任务突出体现为全面建成小康社会。到 2020 年，实现中国经济更加发展、民主更加健全、科教更加进步、文化更加繁荣、社会更加和谐、人民生活更加殷实、环境更加友好的小康社会。

（2）新时代的中国外交发展理念和发展任务

其一，新时代中国的外交理念核心是坚持和平发展道路。中国将继续高举和平、发展、合作、共赢的旗帜，恪守维护世界和平、促进共同发展的外交政策宗旨，坚定不移在和平共处五项原则基础上发展同各国的友好合作，推动建设相互尊重、公平正义、合作共赢的新型国际关系。具体而言：

继续坚持将对外开放作为中国的基本国策。中国坚持打开国门搞建设，积极促进"一带一路"国际合作，努力实现政策沟通、设施联通、贸易畅通、资金融通、民心相通，打造国际合作新平台，增添共同发展新动力。加大对发展中国家特别是最不发达国家援助力度，促进缩小南北发展差距。中国支持多边贸易体制，促进自由贸易区建设，推动建设开放型世界经济。

继续坚定奉行独立自主的和平外交政策。尊重各国人民自主选择发展道路的权利，维护国际公平正义，反对把自己的意志强加于人，反对干涉别国内政，反对以强凌弱。中国决不会以牺牲别国利益为代价来发展自己，也决不放弃自己的正当权益，任何人不要幻想让中国吞下损害自身利益的苦果。中国奉行防御性的国防政策。中国发展不对任何国家构成威胁。中国无论发展到什么程度，永远不称霸，永远不搞扩张。

继续积极发展全球伙伴关系。积极扩大同各国的利益交会点，推进大国协调和合作，构建总体稳定、均衡发展的大国关系框架，按照亲诚惠容理念和与邻为善、以邻为伴周边外交方针深化同周边国家关系，秉持正确义利观和真实亲诚理念加强同发展中国家团结合作。加强同各国政党和政治组织的交流合作，推进人大、政协、军队、地方、人民团体等的对外交往。

继续将共商共建共享作为中国参与全球事务治理

的理念。倡导国际关系民主化，坚持国家不分大小、强弱、贫富，一律平等，支持联合国发挥积极作用，支持扩大发展中国家在国际事务中的代表性和发言权。中国将继续发挥负责任大国作用，积极参与全球治理体系改革和建设，不断贡献中国智慧和力量。

其二，新时代中国的外交目标是践行并积极倡导以人类命运共同体为核心的新型国际关系。新时代的中国将努力促进世界各国人民同心协力，构建人类命运共同体，建设持久和平、普遍安全、共同繁荣、开放包容、清洁美丽的世界。具体而言：

政治方面，要相互尊重、平等协商，坚决摒弃"冷战"思维和强权政治，走对话而不对抗、结伴而不结盟的国与国交往新路。坚持以对话解决争端、以协商化解分歧，统筹应对传统和非传统安全威胁，反对一切形式的恐怖主义。

经济方面，要坚持同舟共济，促进贸易和投资自由化便利化，推动经济全球化朝着更加开放、包容、普惠、平衡、共赢的方向发展。

文化方面，要尊重世界文明多样性，以文明交流超越文明隔阂、文明互鉴超越文明冲突、文明共存超越文明优越。

环境方面，要坚持环境友好，合作应对气候变化，保护好人类赖以生存的地球家园。

其三，新时代中国的外交发展任务突出体现在"推动形成全面开放新格局"。

首先，有效维护国家安全。国家安全是安邦定国的重要基石，维护国家安全是世界全国人民根本利益所在。中国将继续完善国家安全战略和国家安全政策，坚决维护国家政治安全，统筹推进各项安全工作。健全国家安全体系，加强国家安全法治保障，提高防范和抵御安全风险能力。严密防范和坚决打击各种渗透颠覆破坏活动、暴力恐怖活动、民族分裂活动、宗教极端活动。加强国家安全教育，增强全党全国人民国家安全意识，推动全社会形成维护国家安全的强大合力。

其次，推动形成全面开放新格局。对开放与发展关系的总体定位为：开放带来进步，封闭必然落后。中国开放的大门不会关闭，只会越开越大。一方面，中国要以"一带一路"建设为重点，坚持引进来和走出去并重，遵循共商共建共享原则，加强创新能力开放合作，形成陆海内外联动、东西双向互济的开放格局。另一方面，中国要拓展对外贸易，培育贸易新业态新模式，推进贸易强国建设。实行高水平的贸易和投资自由化便利化政策，全面实行准入前国民待遇加负面清单管理制度，大幅度放宽市场准入，扩大服务业对外开放，保护外商投资合法权益。凡是在中国境内注册的企业，都要一视同仁、平等对待。优化区域开放布局，加大中国西部开放力度。赋予自由贸易试验区更大改革自主权，探索建设自由贸易港。创新对外投资方式，促进国际产能合作，形成面向全球的贸易、投融资、生产、服务网络，加快培育国际经济合作和竞争新优势。

2. 非洲的发展理念和历史使命

（1）非洲的经济发展理念与发展任务

联合自强和构建多边合作伙伴关系是 21 世纪以来非洲国家发展的主要理念。联合自强主要体现在加强非洲的国家/多边组织等机制建设、推动非洲的一体化发展、重视非洲的基础设施建设和行业发展等。联合自强的核心是通过非洲国家广泛的多途径合作，提升非洲国家治理和发展能力。自从非统转向非盟以来，非洲相继建立起"泛非议会""非洲和平与安全理事会""非洲防务部队"等机构。构建多边合作关系主要体现在并行不悖地开展与所有地区国家、机构、多边组织的合作，为非洲的发展引入资源和资金支持。构建多边合作伙伴关系的核心是为非洲创建良好的外部环境并获得相关方对非洲自身发展议题的支持。联合自强意味着寻求盟友是一种必然，并且同非盟友间的对抗是一种重要的选项。而构建多边合作伙伴关系意味着寻求广泛的合作是重要手段。单一的政策选择前提是民族国家政府的主权独立目标是否完成。而将二者统一起来，则体现了非洲在新时期的发展新思路。

根据非盟宪章，非盟的宗旨主要包括促进非洲国家和非洲人民更大的团结和统一，维护主权独立、领土完整和成员国独立，加速非洲大陆的政治和社会经济一体化发展，在非洲大陆及其人民共同利益问题上促进和维护共同立场，基于《联合国宪章》和共同的人权声明鼓励国际合作，促进非洲大陆的和平、安全与稳定，促进民主原则和体制建设及普遍的参与和良治，促进和保护与非盟宪章及其他相关人权规则一致的人权，确立能使非洲大陆在国际经济合作和国际谈判中发挥公正作用的必要地位，促进在经济、社会和文化等层面与非洲经济一体化发展相一致的可持续发展，为提高非洲人民生活水平加强同各方的合作，为逐步实现非盟的发展目标协调现有和未来地区经济体间的政策，通过在科技等方面的研发提升非洲的发展能力，同相关国际合作方在非洲疾病预防和健康领域展开合作。

继"非洲发展新伙伴计划"后的"2063议程"重在强调非洲社会的整体进步和综合发展。

"非洲发展新伙伴计划"纲领性文件关于非洲发展的任务主要是21世纪非洲可持续发展行动计划（包括持续发展的形势、行业优先发展领域、资源动员三部分）、新的全球伙伴关系、"非洲发展新伙伴计划的实施"。① 行业优先发展领域涵盖基础设施建设、人力资源开发、农业、环境、文化、科技等部分。资源动员包括国内资源动员和市场开放计划，前者包括提高国内资源流动、债务减免、官方开发援助改革、私营资本流动部分，后者包括生产多元化、农业、矿业、制造业、旅游业、服务业、促进私营经济、促进出口、消除非关税壁垒等内容。"非洲发展新伙伴计划的实施"部分包括农业、促进私有企业、基础设施和地区一体化等内容。

"2063 年愿景"目标任务主要包括七个方面：其一，在包容性增长和可持续发展的基础上实现非洲的繁荣。其二，在泛非主义信念基础上，实现非洲的政治团结和一体化进程。其三，让非洲人民获得良治、民主、人权尊重、公正和法制。其四，实现非洲的和平、安全。其五，促进非洲人民的文化认同及历史继承，实现非洲人共同的价值观和道德观。其六，追求以人为本的发展，重视开发非洲人力资源潜力，特别关注非洲妇女、青年在社会发展中的作用，加大对儿童成长的关心。其七，积极提升非洲在全球事务中的参与力，让非洲成为国际事务中强大、团结和有影响

---

① The New Partnership for Africa's Development （NEPAD）, October 2001.

力的力量，并加强同各方的合作。①

"2063 议程"在肯定 21 世纪以来的各领域良好发展的基础上，强调要利用当前良好的外部发展环境，利用非洲各种资源，包括自然资源、人力资源、市场及技术、贸易等促进非洲的发展，满足人民对增长的热望。同时提出要重视全球发展的经验和教训，通过联合国等多边舞台，在非洲的性别平等、减贫、和平与安全、消除饥饿以及应对气候变化、非洲发展 2015 后发展议题等方面积极作为。

（2）非洲的外交发展理念和发展任务

为非洲创造和维护开放式自主发展的良好环境。首先，非盟的对外发展理念以积极寻求广泛的合作为主。非盟成立是 21 世纪非洲发展的重要里程碑。《非洲联盟章程草案》在非盟的宗旨部分鲜明地提出了通过加强同国际伙伴合作实现非盟新时期的发展任务。非盟宪章"宗旨"的各款项中突出强调通过广泛的合作，促进非洲的发展，即突出强调非洲大陆以共同立场维护共同利益的必要性，并在此基础上开展广泛的国际合作以实现非盟的发展目标。除此之外，根据非盟宪章设立"执行委员会"，其具体职能包括负责就非洲发展所涉及的广泛的部门经济进行工作协调和制

---

① African Union Commission, *Agenda 2063: The Africa We Want*, April 2015, http://www.un.org/en/africa/osaa/pdf/au/agenda2063.pdf.

定发展方案。其次，非盟强调通过非洲的团结统一和一致立场来改善非洲的发展环境和增加对外合作的自主性。如非盟宪章的第四款是，在非洲大陆及其人民共同利益问题上促进和维护共同立场；第五款是基于联合国宪章和共同的人权声明鼓励国际合作。而之后的发展现实也充分表明了非盟通过这一原则维护自主性发展的立场特点。如非洲国家在重大国际问题和自身发展问题上多次以共同立场在联合国发表声明，集中体现了非洲在开放合作中的自主性和独立性立场。1987—2015 年，非洲国家共 22 次在联合国舞台上以共同立场阐述非洲国家在涉及全球及非洲发展议题上的关注和立场。其中包括"1987 年应对债务问题的共同立场""1994 年达喀尔妇女进步共识""1994 年非统关于非洲人类和社会发展共同立场""1996 年世界粮食峰会关于粮食安全的非洲共同立场""1997 年非洲关于生物多样性共同立场""2000 年巴马科宣言关于轻小武器非法传播的共同立场""2001 年关于数字化时代共同发展的非洲共同立场""2002 年关于联合国儿童事务的非洲共同立场""2005 年关于犯罪预防和刑事审判非洲共同立场""2005 年关于联合国安改的非洲共同立场——恩祖韦尼共识""2006 年非洲青年宪章""2006 年关于移民和发展非洲共同立场""2010 年关于青年发展非洲共同立场""2011 年关于发展有效

性的非洲共同立场""2013年关于控制麻醉剂使用的非
洲共同立场""2014年数字时代革命的非洲共同立场"
"2014年关于2015年后发展议程的非洲共同立场"
"2015年关于金融支持发展的非洲集团前景共同立场"
"2015年对联合国和平行动回顾的非洲共同立场"
"2015年开罗宣言：为持续发展和减贫管理非洲的自然
资源""2015年关于气候变化的非洲战略""2015年关
于气候变化的非盟战略草案"。可见，团结一致的共同
发声和集体行动已经成为非洲国家新时期保障对外合作
中自主性的重要手段。

（二）"一带一路"与"中非合作论坛"

1."一带一路"和"中非合作论坛"的关系

"一带一路"和"中非合作论坛"都是中国对外
合作的重要机制。二者所体现的中国对外合作理念有
着较强的一致性，都是中国一贯倡导并坚持的"和平
共处五项基本原则"下的对外经济合作。"中非合作
论坛"是中国开始较早的重要地区合作机制，"一带
一路"是新时代中国倡导的对更广泛地区的合作倡议。
二者反映了中国不同时期不同能力下的对外合作诉求。
"一带一路"是新时代的中国通过合作共赢构建全球
伙伴关系，推动新型国际关系发展的重要倡议。它反
映了新时代中国的国际担当。正如习近平主席所讲，

国家不论大小、强弱、贫富，都应该平等相待，既把自己发展好，也帮助其他国家发展好。大家都好，世界才能更美好。

"中非合作论坛"为深化和推动更广泛的国家间合作积累了经验。始于 2000 年的中非合作论坛，是中非之间开展集体对话的重要平台和促进务实合作的有效机制，已经成为发展中国家团结合作的响亮品牌和引领国际对非合作的典范。其一，论坛机制不断完善，已经成为推动中非各领域广泛合作的重要多边机制。其二，合作成效突出。在中非合作的推动下，2000—2015 年，人均 GDP 增长率从接近 0 实现了年均 3% 的增长，非洲已经成为全球增长突出的地区。1993—2015 年，非洲的贫困指标持续下降。通过对 37 个非洲国家 75 万个家庭的人口和健康卫生数据进行多维度分析，非洲开发银行 2015 年非洲发展报告显示，缺少住房、可饮用水、电力、收音机/电视等资产的家庭数量从 20 世纪 90 年代的 42% 下降到 2005 年的 25%。麦肯锡公司 2017 年 6 月发表的研究报告表明，过去 10 年里，中国和非洲国家双边贸易每年增长约 20%，直接投资每年增长约 40%，中国还承建了非洲的许多大型基础设施项目。中国在非洲的发展投入为非洲的发展做出巨大贡献。中国企业给非洲带来了投资、管理经验以及创新活力，从而促进了非洲经济的发展。在贸易、投资、基础设施、融资和援助等方面，中国都是非洲的前五大合作伙伴。中国公司在非洲遵守市场规律，在众多领域的投资是长期性的。除了制造业，中国投资还集中在服务业、建筑业和房地产行业。中国的投资和商业行为给非洲带来了不少经济实惠，其中包括创造就业和提高非洲工人技能、知识和技术转让以及改善基础设施。报告认为，"中国在非洲的这种参与程度没有哪个国家能与之匹敌"。[1]

中非合作方式对非洲发展进步的作用得到世界认同。提供资金支持并立足基础设施建设，不断扩大贸易、延伸产业价值链投资的中非合作，不仅对非洲千年发展目标的实现做出了巨大的贡献，同时也为非洲改善投资环境、增强自主发展能力注入了持久的动力。仅以电力为例，非洲地区迄今仍约有6亿人处于没电可用状态。相关数据显示，在非洲城市区域，70%的用户有电可用，而在农村，只有28%的用户通电。但中非合作为非洲的基本电力提供做出了巨大的贡献。据国际能源署2016年7月发布的研究报告《促进撒哈拉以南非洲电力发展：中国的参与》中的数据，2010—2015年，中国企业作为主要承包商承建的发电装机容量占撒哈拉以南非洲总新增容量的30%。其

---

[1] 《麦肯锡报告说中国对非洲贡献巨大》，2017年6月29日，http://www.xinhuanet.com/fortune/2017 - 06/29/c_1121232986.htm。

间，中国为撒哈拉以南非洲电力行业发展提供的贷款、买卖方信贷和外商直接投资约有 130 亿美元，占这些地区该部门全部投资的 1/5。中国公司承建的电力项目中 78% 的融资来自中国国内，20% 来自多边援助和混合融资，只有 2% 的融资来自项目所在地。中国同非洲国家的合作，为保障居民的基本生活条件做出了巨大的贡献。当外界认为中国提供融资增加非洲国家政府债务负担的时候，并没有考虑到在 21 世纪的今天，广大的非洲人民仍然无法满足用水、用电的基本生活需求。正如国际能源署所指出的，中国企业在推动撒哈拉以南非洲电力行业发展的过程中发挥着举足轻重的作用。①

"一带一路"是实现更广泛国家合作的手段，是中非合作论坛下中非合作经验的推广。正如中国《愿景与行动》所指出的，当今世界正发生复杂深刻的变化，国际金融危机深层次影响继续显现，世界经济缓慢复苏、发展分化，国际投资贸易格局和多边投资贸易规则酝酿深刻调整，各国面临的发展问题依然严峻。共建"一带一路"顺应世界多极化、经济全球化、文化多样化、社会信息化的潮流，秉持开放的区域合作精

① 《超过 3/4 的撒哈拉以南非洲国家与中企签订了新建电力合作项目合约——"中国企业为我们带来了希望"》，2016 年 8 月 8 日，http://world.people.com.cn/n1/2016/0808/c1002-28617453.html。

神，致力于维护全球自由贸易体系和开放型世界经济。因此，在"中非合作论坛"成功推动中非合作的基础上，总结合作经验，结合国际经济发展特点，让更多的发展中国家通过合作实现发展，是中国新时代对"中非合作论坛"经验的进一步推广。

"一带一路"推动经济全球化发展，为世界发展提供多元化发展选择和发展动力。正如 2017 年习近平主席出席达沃斯世界经济论坛时指出，虽然当前人类文明发展到历史最高水平，但全球增长动能不足、全球经济治理滞后、全球发展失衡这三大根本性矛盾仍然比较突出。历史地看，经济全球化是社会生产力发展的客观要求和科技进步的必然结果。经济全球化为世界经济增长提供了强劲动力，促进了商品和资本流动、科技和文明进步、各国人民交往。另外，作为最大的发展中国家，中国改革开放发展探索所取得的巨大成就，为广大发展中国家提供了多元化发展选择和发展动力。有研究指出，中国经济持续保持中高速增长，已成为全球经济复苏和可持续发展不可或缺的"发动机"和"稳定器"。在世界经济增长乏力的背景下，中国的持续多年高速增长为带动世界经济增长发挥了重要推动作用。按照 2010 年不变美元价格计算，2013—2016 年 4 年间，中国经济实现了年均 7.2% 的增速。其间，按照当年汇率计算，中国国内生产总值占世界经济总量的比重由 12.5% 提高到 14.8%，提高了 2.3 个百分点，对世界经济增长的平均贡献率超过 30%。据世界银行估测，2017 年世界经济增速为 3% 左右，按此增速计算，2017 年中国经济占世界经济的比重提高到了 15.3% 左右，对世界经济增长的贡献率为 34% 左右。[①] 客观上，国际产业分工体系的变化及国际资本流动特点决定了中国经济增长的溢出效应。因此，通过"一带一路"让更多的国家搭乘中国的高速增长列车，是中国"一带一路"倡议的重要目标。

"一带一路"创新增长和发展模式，是打造人类平衡普惠发展的模式。历史表明，每一次工业革命在新技术带来新发展的同时，也促使国家间的发展差距扩大。当前，人类正站在新的发展十字路口。在新技术带动下，传统产业发展及国际分工面临新的机遇和挑战。一方面，包括非洲在内的大多数发展中国家的经济增长活力和潜力在信息化时代并没有完全释放。如果不能改善这些国家的经济基础条件，新的技术革命将继续扩大其与发达国家间的发展差距，世界的发展将更加不平衡，人类社会所面临的问题也将更加突出。另一方面，在当前世界经济活力尚未恢复，而制约发展中国家发展的国际因素仍然突出的背景下，新的增

---

① 《中国能保持对世界经济增长 30% 的贡献率吗?》，《金融时报》2018 年 4 月 21 日，http：//money. 163. com/18/0421/10/DFTMAB2N00258105. html。

长动能严重不足，进而限制了世界经济的增长。因此，利用过去几十年中国发展中积累的技术和资金基础，创新增长方式，释放增长活力，带动其他国家共同发展，体现了中国贡献发展经验的大国担当。

2. 新时代的"一带一路"＋"中非合作论坛"应该有新作为

推动在"一带一路"＋"中非合作论坛"下的更广泛国家合作。当今的世界是开放的世界。资源和技术共享，促进人类共同发展，并构建稳定的国际政治经济秩序，符合所有国家的利益。"一带一路"和"中非合作论坛"都是开放的合作机制。在"中非合作论坛"合作机制下，针对非洲的发展问题，更多的国家参加到相关发展议题中来，如"中欧非合作""中美非合作""金砖机制"＋非洲合作等。"中国和非洲＋X"正成为合作议题下的广泛合作。"一带一路"倡议为开展更大范围、更高水平、更深层次的区域合作，打造了开放、包容、均衡、普惠的区域合作架构。在当前世界经济发展面临的不确定性增强的背景下，只有更多的国家参与到合作中来，便利化市场要素流动，共商、共建开放的世界经济，才能促进世界经济的包容性增长和可持续发展。

推动在"一带一路"＋"中非合作论坛"下的更广泛议题合作。社会经济均衡发展是解决众多国际问题的重要手段，但并不是解决所有问题的唯一手段。一方面，人类社会在长期的历史发展长河中，基于不同文化、宗教、历史等多种原因，一些地区和国家存在着复杂而紧张的社会关系。另一方面，当前全球范围内，人类面临诸如气候问题、网络安全、重大传染性疾病防治、生物多样性维护等众多的共同问题。因此，新时代的中国和广大非洲国家应该在"中非合作论坛"机制和"一带一路"倡议下，将包括地区乃至全球共同关注的重大政治、安全、经济、文化等议题纳入，在坚持和平共处五项原则的基础上，努力促进不同国家和民族间的和而不同、兼收并蓄的文明交流，构筑尊崇自然、绿色发展的生态体系，推动建设相互尊重、公平正义、合作共赢的新型国际关系。

（三）"一带一路"与非洲联合自强的时代任务

1. 维护国家自主发展

正视发展道路差异，维护国家发展自主。中国维护世界各国国家自主发展的理念主要体现在两个方面：其一，尊重世界上不同国家发展道路的差异。正如习近平主席所讲，一个国家发展道路合不合适，只有这个国家的人民才最有发言权。我们不能要求有着不同文化传统、历史遭遇、现实国情的国家都采用同一种发展模式。其二，主张和坚持世界各国平等相待。中国和广大非洲国家主张国家不分大小、强弱、贫富，都是国际社会平等成员，理应平等参与决策、享受权利、履行义务。坚持多边主义，维护多边体制权威性和有效性。非洲国家为国家的独立自主而进行了长期奋斗。中国尊重非洲国家的道路选择，在对非合作中坚持平等互利。

通过广泛合作提升非洲发展能力，以实现国家发展自主理念。历史经验表明，国家发展能力是决定能否自主发展的基础和关键。因此，中国主张通过广泛的合作，提升非洲国家的自主发展能力，最终实现自主发展。2000 年以来，中国通过"中非合作论坛"，同非洲国家开展了广泛和日益深入的全方位合作。为非洲的开放式自主发展创造了条件，改善了非洲的对外合作环境并促进了非洲的增长，大量基础设施得以建设，初级产品加工业得到了较快的发展，国家发展能力不断提高。当前，在"一带一路"倡议下，在中国以习近平主席提出的对非合作"真""实""亲""诚"原则下，对非合作进一步加强。展望未来，新时代的中国对非洲合作力度不仅不会削弱，还将进一步加强。

2. 维护开放的发展环境

经济全球化是社会生产力发展的客观要求和科技进步的必然结果，也是开放发展环境的产物。经济全球化为世界经济增长提供了强劲动力，促进了商品和资本流动、科技和文明进步、各国人民交往。经济全球化为中国的改革开放和非洲的开放式自主发展提供了历史性机遇，也带来了现实的发展。

中国和非洲都是开放环境下国际合作的受益者。中国改革开放 40 年持续快速发展的经验表明，开放的合作环境是实现单一国家同世界发展良性互动的重要基础。中国发展离不开世界，世界发展也需要中国。中国通过改革开放实现自身发展，创造了中国奇迹，同时又通过自身发展为世界进步贡献力量。21 世纪以来，在开放式自主发展基础上，绝大多数非洲国家保持了较快的经济增长，基础设施不断改进，商业环境不断改善，资源和市场潜力正空前地转化为现实的增长力。因此，维护世界开放的合作环境符合中国和广大非洲国家人民的共同利益。

维护开放的合作环境是保证中国和广大非洲国家社会经济持续发展的重要手段。在当前世界经历新一轮大发展大调整的形势下，面对经济增长动能不足、贸易保护主义挑战不断的背景，中国和非洲国家应该顺应历史潮流，同心协力、携手并进，推动变革创新，维护开放的合作环境，实现世界的包容性增长和可持续发展。正如习近平主席所讲，着眼未来，中国将继续坚定不移走和平发展道路，奉行互利共赢开放战略，推动建设相互尊重、公平正义、合作共赢的新型国际关系；将推进大国协调和合作，同周边国家发展睦邻友好关系，更加积极参与全球治理，更加有效同各国携手应对挑战；将把自己的前途命运同世界人民的前途命运紧密联系在一起，不仅为中国人民谋幸福，也要为人类进步事业而奋斗，进一步扩展合作格局，推动构建人类命运共同体，建设一个持久和平、普遍安全、共同繁荣、开放包容、清洁美丽的世界；将继续推动"一带一路"建设，坚持共商共建共享，打造国际合作新平台，增添共同发展新动力，使"一带一路"惠及更多国家和人民。

3. 把握时代机遇促进社会全面发展

作为发展中国家最为集中的大陆，多数非洲国家长期以来受制于资金、技术短缺，难以将潜在的资源转化为现实的增长力，且一度陷入负债累累的困境。中国作为最大的发展中国家，资金和技术短缺也是长期面临的问题。不同的是，中国通过改革开放，积极利用国际资本和技术阶段性流动特点，实现了发展需要的资金和技术积累及突破，获得了持续多年的高增长和快速发展。当前，推动世界经济增长和发展的资本和技术要素分布已经发生了较大的变化，新兴经济体在资金和技术方面的积累足以进一步激发发展中国家的内部增长活力。因此，把握时代机遇促进中国和非洲国家的共同发展，是新时代中非各国人民的共同愿望。

产业对接有助于非洲国家避免"合作依赖"。长期以来，西方工业国家在全球产业链领域占据着主导地位。很大程度上，对非洲的产业合作完全取决于其自身需求，这使得非洲国家的对外经济合作方面产生了很大的依赖性。随着21世纪以来新兴市场国家的快速发展，非洲的对外产业合作避免"合作依赖"成为现实。其一，发展中国家发展水平和能力提升为非洲国家避免合作依赖提供了条件。长期以来，在资金、技术、产能合作方面严重依赖外部，这是很多非洲国家不得不保持同发达国家密切合作的重要原因。但进入21世纪，这种情况发生了根本性变化。如中国连续经历十多年的对外直接投资流量增长，在2015年达到1456.7亿美元，是2005年的13倍多，首次位列全球第二并变成资本净输出国。截至2015年年底，中国对非投资存量为346.9亿美元。在产能合作领域，由于中国是全球唯一一个完全拥有联合国工业分类体系中所有工业类别的国家（根据联合国工业分类，是39个大类工业、191个中类工业、525个小类工业），2010年中国工业生产体系工业增加值超过美国，名义GDP超过日本4044亿美元（日本2010年名义GDP为54742亿美元），正式成为全球第二大经济体。在"中非合作论坛"日益深化的背景下，非洲国家通过自主选择合作伙伴，实现国家利益最大化有了现实的多元选择。其二，发展中国家参与新国际合作机制为确保非洲开放式自主发展提供了重要平台。"冷战"后国际经济秩序的一次重要的实质性变革是 G20 机制的产生。2008 年"二十国集团"（G20）取代"八国集团"（G8）成为国际经济治理的新的主要平台。由 G8 向 G20 转变的根本原因是发展中国家经济地位的上升。要在全球范围解决经济合作和发展问题，依靠传统的 G7 主导已经不能实现。正如有研究指出，G20 成立以来对全球经济事务的发展日益重要，"G20 的定位是在发达经济体与新兴经济体之间寻求政治共识"。[1] 这种发展中国家参与的全球事务合作平台的运行，意味着非洲将获得更大的发展自主性。

把握资本流动新趋势，推动国内经济发展转型。当前的国际资本流动呈双向特点。长期以来，发达国家的资本流入是带动发展中国家经济增长的重要动力，但是这一现象正发生改变。一方面，发展中的新兴市场国家已经成为资本输出国。根据国际货币基金组织的数据，新兴市场国家在 2000—2014 年一直为资本净输出，2015 年首次出现资本净输入，2016 年资本净输

---

① 朱杰进：《二十国集团的定位与机制建设》，《阿拉伯世界研究》2012 年第 3 期。

入规模将扩大至 788.79 亿美元，同比扩大一倍，这意味着新兴经济体投资开始大于储蓄，正在由世界经济发展的储蓄提供者转为资本需求者。另一方面，传统的发达国家资本输出国在发生分化。发达国家整体自 1999 年以来一直是资本净输入，但从 2012 年起转为资本净输出且输出规模逐年扩大，估计 2016 年资本净输出规模同比上升 10.6%，达到 3174.95 亿美元，其中，欧元区和日本是主要的资本净输出地区，而美国、英国两个世界金融中心为主要的资本净输入国家。① 2015年，发达国家吸引外资数额的全球占比从 2014 年的 41% 上升至 55%，扭转了发展中经济体占主导地位的态势。其中，美国的增势最为明显，2015 年全年 FDI 流入量是 2014 年的近 4 倍。② 大宗商品价格暴跌、美元货币政策正常化导致非洲国家不得不再次面对外汇短缺、本币贬值、债务负担加重的困境。因此，当前形势下，依靠传统的发达国家资本流入带动增长面临较大的不确定性。

中国的资本输出能力会给非洲发展中国家带来新的发展机遇。经过多年的高速增长与积累，中国已经具备较强的对外投资能力和实力。相关数据表明，中

---

① 《国际资本流动新特点》，《中国金融》2017 年第 4 期。

② 董小君、蒋伟：《准确把握危机后国际资本流动新趋势》，《中国经济时报》2017 年 9 月 22 日，http://www.cs.com.cn/xwzx/hwxx/201709/t201 70922_5489230.html。

国企业走出去投资的规模不断扩大，目前海外资产达到 6 万亿美元，仅过去的 5 年，对外投资就超过了 6600 亿美元。中国从过去的资本输入国变成了资本净输出国。对东道国的贡献也在不断增加，2016 年带动东道国就业岗位 150 万个，为东道国增加了近 300 亿美元的税收。① 随着中国国内经济改革的推进，产业升级将进一步带动对外投资的结构优化和质量提升。非洲国家关注的基础产业链升级及带动就业和产业价值链的延伸，在中非友好合作的背景下积极促进中非产能合作，将是非洲国家实现增长和发展的重要机遇。

---

① 《商务部部长钟山：中国已从资本输入国变成资本净输出国》，《中国青年报》2017 年 10 月 20 日，http：//news. sina. com. cn/o/2017 – 10 – 20/doc – ifymzqp q2619542. shtml。

第二章 "一带一路"与中非农业合作

一 非洲发展农业的重要性及发展纲要

非洲国家农业发展的滞后不仅使得粮食安全问题严重，也严重制约了其他经济部门的发展。非洲的"农业综合发展计划"体现了非洲国家对传统农业升级的重视。

（一）农业对于非洲发展的重要性

解决粮食供应问题是非洲农业发展的基本出发点。 非洲农业吸纳了该地区就业人口总数的60%，商品出口的20%来自农业，约占GDP的17%。尽管非洲国家及区域组织长期以来将粮食问题作为发展的重要领域进行关注，但受资源投入、气候条件、社会条件等多种因素影响，非洲的粮食供应问题仍然非常突出。根据联合国 2017 年的数据，在全球 8.15 亿的饥饿人口中，非洲占 2.43 亿，是世界上饥饿人口占比最严重的地区，约有 20% 的饥饿人口，东非甚至高达 33.9%。

农业的滞后直接制约了非洲的产业发展。农业不仅提供粮食供应，也是很多加工制造业发展的基础。由此，非洲农业投资的不足直接制约了其他产业的发展。相关研究表明，2005—2007 年世界农业外国直接投资年均投资量超过 3 万亿美元，约占世界外国直接投资流入总量的 1%，该投资量在 2008 年达 5 万亿美元。与其形成对比的是，2004—2007 年，非洲农业行业吸引的外国投资规模不到 2 亿美元，其中 2005—2007 年比之前仍有下降，是同期发展中国家农业吸引外资规模最小的地区。[①] 根据联合国粮农组织 2012 年的报告，对于全球不同地区农作物产出占潜在产能的比重，撒哈拉以南非洲地区排名倒数第一，产出量占潜在产能的比重仅为 25% 左右，北非地区接近 40%，排名倒数第五。[②]

---

① UNCTAD，*World Investment Report 2009*：*Transnational Corporations*，*Agricultural Production and Development*，http：//unctad. org/en/pages/PublicationArchive. aspx？publicationid＝743.

② FAO，*The State of Food and Agriculture 2012*，http：//www. fao. org/docrep/017/i3028e/i3028e. pdf.

（二）非洲农业发展纲要

21 世纪非洲农业发展战略的标志是 2003 年非盟首脑会议"马普托宣言"通过的"非洲农业综合发展计划"（Comprehensive Africa Agriculture Development Programme，CAADP）。该计划是"非洲发展新伙伴计划"在农业领域的集中反映，也成为之后非洲国家落实农业发展的纲领性文件。作为非盟第二届首脑会议的重要成果，关注非洲农业发展凸显了非洲国家领导人对发展农业重要性的共识。

"非洲农业综合发展计划"的主要内容。主要议题包括：巩固非洲在农业及相关贸易能力领域的投资并改善市场准入，扩大可持续土地使用和可靠水控制系统，改善基础设施及市场准入相关的贸易能力，加强国家和地区层面的粮食安全、农业研究和技术吸收。

"非洲农业综合发展计划"的行业发展定位。该计划表明，重视农业发展最终要实现的是带动非洲经济的整体发展。"非洲农业综合发展计划"明确提出，重视农业发展不仅在于解决粮食危机，还在于更长远意义上关注农业对其他产业的支持作用，只有在农业发展的基础上，才能更有效地推动其他行业，如加工制造业的发展。

二　国际对非农业合作趋势及经验

非洲农业开发的巨大潜力及不断改善的农业投资环境使非洲的农业产业上下游正受到国际投资的关注，其合作主体和合作方式多元化特征显著。国际对非农业合作的经验表明，农业产业合作应该立足长远，并积极克服产业链制约。

（一）国际对非农业合作关注的原因

除土地等农业资源禀赋外，近年来非洲农业市场条件和国际涉农跨国公司全球经营特点发生了显著的变化。这种变化是涉农跨国公司重视非洲的主要因素。

1. 非洲自身市场条件变化因素

非洲国家提升农业对外合作重视度，努力打造开放式对外合作平台。其一，农业是非洲社会经济发展的根本，一贯受到各国政府的重视。2001 年非统推出的"非洲发展新伙伴计划"，将农业视为优先发展领域之一，强调农业发展是非洲经济增长的发动机、减贫的关键因素之一。其二，积极改善自身投资环境，农业发展战略由重视"自力更生"向加强加大对外合作力度转变。典型的是非盟"非洲发展新伙伴计划"接受了联合国粮农组织的非洲发展计划，并最终形成了指导非洲各国农业发展的"非洲农业综合发展计划",强调参与国家承诺将至少10%的政府预算用于农业部门,并通过多渠道融资解决非洲农业投入不足的问题,重点合作方包括外部合作伙伴、私营投资方等。

　　私有化改革为跨国公司进入创造了条件,农业投资热兴起。经历多年的自由化改革,非洲农业投资日益开放。"冷战"期间,除个别国家外,多数非洲国家走社会主义道路。其中显著经济特征之一就是将殖民地时期西方跨国公司在其国内经营的产业进行国有化。在此基础上,非洲建立了民族工业基础,其中包括将农田回收、创办农产品加工厂等。随着"冷战"的结束以及非洲民主化浪潮的推进,非洲国家纷纷建立了西方式多党民主制,并在西方国家和国际金融机构的主导下开始进行以私有化和自由化为特征的经济改革。为此,原有的农业产业体系纷纷成为改革的对象。在以建立自由市场为目标的改革下,政府将吸引外资作为促进经济增长的重要手段,并纷纷修改相关立法。经过20多年的改革,多数非洲国家农业领域重新开放,并重新成为国际农业投资的关注点。正如"农业发展国际基金"(IFAD)西非和中非处处长穆罕默德·贝阿沃吉(Mohammed Beavogui)曾指出的,尽管国际社会的农业援助规模由20%下降到4%,但由于国际粮价上涨等因素的影响，国际私营投资方对非洲农业投资的关注正在改变长期以来国际援助不足的局面。①

2. 国际对非农业关注因素

国际社会重视农业合作促进非洲减贫，持续援助为农业发展增强了活力。非洲农业的发展事关非洲的减贫和持续发展，日益受到国际社会的关注。仅以世界银行为例，1991—2006 年，其累计向非洲提供的农业援助金额高达 28 亿美元，约占对非援助总额的 8%。2002—2005 年，世界银行下属的国际开发协会累计向非洲提供农业援助资金 9.54 亿美元，占非洲所获得的农业援助总额的 11.4%。2012 年 7 月至 2013 年 6 月，世界银行向非洲注资 147 亿美元。世界银行所属的非洲撒哈拉国际金融公司 2013 年在非洲投资 53 亿美元，同比增长 34%。根据世界银行公布的 2014 财年计划，对撒哈拉以南非洲地区的援助金额达 153 亿美元，创历史新高，其中 102 亿美元是无偿援助，援助重点包括水电、农业、教育等领域。② 除国际组织援助外，农

---

① VOA, *Foreign Investors See Potential in African Agriculture*, http：//www. voanews. com/content/foreign – investors – see – potential – in – african – agriculture030111/157543. htm.

② *IFC Advisory Services in Sub – Saharan Africa*：*Development Impact Report 2014.*

业也是双边援助的重点内容。国际社会的关注及投入，不仅增加了非洲农业资金的流动性，也改善了农业投资环境，激发了非洲农业发展的活力。

全球农作物需求量巨大，非洲农业市场潜力承载众望。随着全球人口的快速增长和工业化水平的提升，关注非洲农业已经不仅是非洲的粮食安全问题，也是全球性的发展问题。一方面，非洲大量尚未开发的土地资源是解决未来全球粮食需求的重要地区。2007—2008 年全球粮价的上涨，再次使得粮食生产成为国际关注的热点。根据粮农组织 2012 年的数据，满足 2050 年全球 90 亿人口的粮食需求，农业投资有着较大的缺口，其间年均投资需要达到 2090 亿美元。而非洲有约占全球 12% 的可耕地，但其中 80% 没有利用。[①] 因此，利用非洲大量尚未开发的农业资源，扩大对非农业投资、促进粮食生产关乎未来全球粮食供应的问题。据联合国粮农组织 2010 年的报告，要满足 2050 年全球人口的粮食需求，每年在发展中国家农业领域的净投资要达到 830 亿美元，而在撒哈拉以南的非洲，该投资规模应达到 110 亿美元。政府公共投资难以实现这一目标，主要资金应源自私营企业。因此，政府通过

---

① VOA, *Foreign Investors See Potential in African Agriculture*, http：// www. voanews. com/content/foreign – investors – see – potential – in – african – agriculture030111/157543. htm.

多种手段促进私营业的投资是长久之计。① 另一方面，全球对气候问题的关注及引发的生物燃料的使用，使非洲农业成为投资关注的热点。特别是在一些发达国家（见下文）出台清洁能源使用要求的背景下，跨国公司对非生物燃料的开发提上了日程。由此，政府、国际组织、市民社会组织、G8、G20 等纷纷关注农业发展，农业成为投资关注的热点。

涉农跨国公司在全球粮农产业链中的作用增强，催生其积极进行全球市场布局。随着几十年全球化的发展，涉农跨国公司在全球粮农领域的作用增强。正如联合国粮农组织报告所指，相较于长期以来跨国公司主要通过间接的贸易手段对投资地区发挥影响力，直接参与已经成为其发挥影响力的新特点。这集中表现为：其一，推动涉农跨国公司业务发展的外部条件更加优越。其中包括人口的大量增长、很多地区居民生活水平的提高、物流业的快速发展等。其二，跨国公司自身技术水平的优势。其中包括跨国公司所拥有的大幅提高农业单产的技术、更加高效的对土地等生产资源的利用、自身对生产运营的高效组织和管理等。其三，投资地区日益开放的市场环境为跨国公司提供

---

① FAO, *Agricultural Investment Funds for Developing Countries*, 2010, http：//www. fao. org/fileadmin/user _ upload/ags/publications/investment _ funds. pdf.

了机会。如很多国家农业及相关产业链日益开放等。正是由于以上多种原因，跨国公司日益成为全球农业发展，特别是发展中国家农业发展的重要参与者，参与领域包括向农户贷款购买种子、销售种子/化肥/农机、收购粮食/牲畜、加工农产品、销售加工品等。联合国粮农组织 2011 年的报告也指出，20 世纪 90 年代后的相当长时间内，国际对非洲农业的投资主要集中在贸易等领域。但随着近年来非洲经济形势的变化，外资对农业领域资本密集行业的投资关注开始增加，其中包括农产品种植、加工及相关服务业等。①

（二）国际对非农业合作的特点

在全球农业发展新趋势下，国际对非农业投资表现出新的特点。这不仅体现在投资主体的变化，也体现出针对非洲市场特点投资主体结合国际市场需求寻求降低投资风险、转变投资模式等新特点。

1. 跨国公司属地化特点

发达国家重新重视非洲的农业投资。对非农业援助是发达国家长期对非援助的重要内容。近年来，在援助基础上积极推动本国企业布局非洲农业市场已成

---

① Ayşen Tanyeri – Abur and Nasredin Hag Elamin, *International Investments in Agriculture in the Near East Evidence from Egypt, Morocco and Sudan,* FAO, 2011, http：//www. fao. org/fileadmin/templates/est/INTERNATIONAL – TRADE/FDIs/Egy_ Mor_ Sud. pdf.

为发达国家对非农业合作的新特点。以美国为例，美国关注非洲农业既有解决非洲粮食安全的人道主义援助的一面，也有积极促进本国企业布局非洲农业市场的一面。除1998年美国政府提出的《非洲希望种子计划法案》《非洲粮食安全计划》，2002年提出的"结束非洲饥饿倡议"（The Initiative to End Hunger in Africa，IEHA）外，奥巴马政府上台以来对促进本国企业进军非洲市场采取了更加积极的态度。2012年5月18日，时任美国总统奥巴马在"全球农业和食品安全研讨会"上表示，非洲和G8政府承诺通过政府和私营部门的支持实现对非洲农业的长期投资。作为G8新联盟对于食品和营养保障计划（Food and Nutrition Security Initiative）的部分内容，美国已有超过45家公司承诺对非农业投资超过30亿美元。投资将结合非盟的"种植非洲"（Grow Africa）、"非洲发展新伙伴计划"与世界经济论坛的合作伙伴开展。主要投资方将包括来自印度、以色列、瑞士、挪威、英国等国的跨国公司。① 路透社2012年5月的消息称，美国的种子、化肥、装备公司在未来对非洲农业投资将至少达到1.5亿美元。投资公司包括杜邦公司（DuPont）、孟山都（Monsanto）、

---

① "US President Announces Multi – Billion Dollar Investments for African Agriculture as Part of an Initiative Developed in Collaboration with the World Economic Forum", http：//www. weforum. org/news/us – president – announces – multi – billion – dollar – investments – african – agriculture – part – initiative – dev.

嘉吉公司（Cargill）以及其他公司。[1] 2014 年美非峰会的一个优先议题就是重视非洲日益展现的增长潜力并促进本国私营部门向非洲的投资。而峰会期间达成的近 10 亿美元的投资中就涵盖农业和食品领域。

发展中国家对非投资呈上升趋势。一方面，非洲以外发展中国家对非投资增加。联合国粮农组织研究表明，近年来发展中国家间南南合作下的农业投资呈上升趋势。巴西、中国、印度、卡塔尔、科威特、利比亚、沙特、韩国以及阿联酋等国成为新的农业投资主体，在土地获取及粮食加工等领域的投资增加。而非洲成为较受关注的投资地区，如埃塞俄比亚、苏丹、坦桑尼亚等国是近年来农业领域吸收外资较多的国家。[2] 另一方面，非洲一些国家具有较强实力的涉农企业成为地区内农业投资的重要参与方。有研究罗列了 2009/2010 年非洲排名前十的农业公司，其中南非 10 家、摩洛哥 3 家、尼日利亚 3 家、科特迪瓦 3 家、阿尔及利亚 1 家、埃及 1 家。[3] 据有关研究统计，非洲前 500 强

① "US Agriculture Companies Pledge Millions to Africa", May 18, 2012, http：//worldnews. nbcnews. com/_ news/2012/05/18/11759239 – us – agriculture – companies – pledge – millions – to – africa?chromedomain = dailynightly.

② "Some Key Insights on the Role of Foreign Direct Investment in Agriculture", FAO, AAACP Paper, http：//www. fao. org/fileadmin/templates/tci/pdf/InternationalInvestment/AntiportaSummary/FDI_ in_ Agriculture_ –_ short_ summary_ on_ KeyInsights. pdf.

③ *The Africa Report 2011*, Bloomberg, http：//www. howwemadeitinafrica. com/ranked – africas – top – 20 – agribusiness – companies/13532/.

企业中有 40 家为涉农企业，占总数的比重为 8%。①
其业务情况表明，很多公司并非传统的涉农业务公司，
而是在国际对非洲农业投资趋热情况下积极拓展了农业
投资业务，其中包括作物种植、农产品加工等行业。

　　中东国家及其企业成为非洲农业投资的参与方。
整体上，该地区的国家面临日益严峻的农业发展压力，
其中包括有限的水资源、人口的快速增长和粮食依赖
进口等。特别是水资源的短缺，直接制约了农业的发
展。因此，通过海外市场保障粮食安全日益受到该地
区国家的重视，中东国家在涉农对非洲投资中扮演的
角色日益突出。2007 年粮价上涨，海湾国家，特别是
重要油气资源国更加重视在海外的农业投资。如沙特
阿拉伯，在过去 30 年因高价水资源在农业领域对外大
举投资。2008 年 1 月沙特阿拉伯宣布将在未来 8 年逐
步退出小麦生产。卡塔尔和阿联酋也采取了相似的政
策。2008 年 7 月，卡塔尔和苏丹同意建立合资公司对
粮食生产、农业及畜牧业领域进行投资。2008 年，阿
联酋宣布正在苏丹几个州进行 90 万公顷的投资，并提
到项目中有 4 万公顷用于生产小麦、玉米和草料。许
多其他土地交易和投资项目也在其他国家进行谈判。
2009 年，包括伊斯兰开发银行在内的一批沙特阿拉伯

---

　　①　http：//www.theafricareport.com/Top－500－Companies/top－500－
companies.html.

投资机构决定在非洲投资 10 亿美元租用 70 万公顷土地种植水稻。[①] 由此，海合会（GCC）成员国在该地区农业的投资将不断扩大，预计其 25% 的石油财富将在该地区进行投资，2003 年该数据为 15%。地区内的外国直接投资是该地区外国投资的重要部分。在过去 20 年，其规模相当于该地区内部贸易额的 3 倍。近东地区内投资包括约 1/3 的投资流入农业领域，并且该规模从 2007 年以来快速上升，提高了 64%，到 2008 年达到 340 亿美元。[②]

2. 投资行业特点

粮食生产是重要的投资领域。增加粮食生产不仅符合国际社会关于解决非洲粮食安全的问题，同时也同跨国公司作物改良能力的提高有关，特别是转基因作物。有研究表明，早在 2002 年非洲已经成为全球涉农生物科技公司的最大投资目标地。[③] 在国际粮食需求不断增加及预期缺口扩大、非洲国家亟待解决粮食问

---

① 《沙特将在非洲地区投资 10 亿美元发展农业》，2009 年 8 月 6 日，http：//www. 21food. cn/html/news/35/489563. htm。

② Ayşen Tanyeri – Abur and Nasredin Hag Elamin, "International Investments in Agriculture in the Near East：Evidence from Egypt, Morocco and Sudan ", FAO, 2011, http：//www. fao. org/fileadmin/templates/est/INTERNATIONAL – TRADE/FDIs/Egy_ Mor_ Sud. pdf.

③ Devlin Kuyek, *The Past Predicts the Future*：*GM Crops and Africa's Farmers*, October 18, 2002, https：//www. grain. org/article/entries/344 – the – past – predicts – the – future – gm – crops – and – africa – s – farmers.

题并难以有效监管的基础上，20世纪90年代关于转基因农业发展的制约度正受到破坏。如控制美国大豆种子市场90%的孟山都，其转基因作物种子也在非洲广泛存在，并正成为非洲新的大、中等规模农场的作物种子来源。

生物燃料行业的作物种植成为新的投资热点。近年来的国际减排议题使生物燃料行业成为发达国家对非农业投资的重要驱动力。如欧盟文件2009/28EC（2009年4月）就成员国使用清洁能源进行了规定：到2020年欧盟成员国使用清洁能源的比重至少达到交通能源消耗比重的10%，各国还应制定电力、制热、制冷等行业的再生能源使用的战略目标。根据减排要求，欧盟各国政府也制定了使用可再生能源的消费激励措施包括燃料税收减免和生产激励措施包括税收、贷款担保、直接补贴支付等。如法国、德国、英国对生物燃料使用减税。英国政府就再生交通燃料规定，燃料供应方应确保其销售的燃料包含一定比例的生物燃料，否则将面临每桶燃料15美分的罚款。瑞典政府设立了到2020年再生能源使用率达到40%，到2030年彻底退出使用化石燃料的目标。为达到此目标，政府通过财政手段鼓励企业在非洲购买土地进行生物燃料生产。由此，多家欧洲公司进入非洲进行生物燃料开发。其中，佳洁士全球绿色能源（Crest Global Green

Energy）、吉姆燃料公司（Gem Biofuels）、赤道生物燃料公司（Equatorial Biofuels PLC）、卡凡格生物燃料公司（Kavango Bioenergy Ltd.）、加达福非洲公司（Jatropha Africa）、卡姆集团（Cams Group）、普瑞能源（Principle Energy）、太阳生物能源（Sun Biofuels）、德油（D1 Oils）、维瑞德（Viridesco）10 家英国公司在非洲经营的生物燃料土地高达 1610675 公顷。

农业产业下游产业链备受关注。除生物能源开发、经济及粮食作物种植之外，发达国家跨国公司在非洲投资的一个新的趋势是日益重视在非洲的农业下游产业链投资。根据 2009 年联合国贸发组织世界投资报告，1990—2007 年流入非洲农业和食品饮料行业的外国直接投资是增加的，且跨国公司投资主要集中在农业的上下游产业。如英国私募投资公司"丝业投资"（Silk Invest）依托"丝业非洲粮食基金"近年来积极开拓非洲的粮食加工、饮料和快餐等业务，目前已经在肯尼亚、埃塞俄比亚、埃及、摩洛哥、加纳、尼日利亚等国进行了投资。

3. 投资模式特点

政府投资主体通过设立主权财富基金进行投资。如卡塔尔主权基金"卡特尔投资署"在苏丹进行农业投资。沙特也通过主权基金支持国内企业在非洲进行农业投资。德国国家开发银行启动了"非洲农业和贸易投资基金"。截至 2013 年 6 月，全非洲已经有 15 个国家设立或正在设立主权财富基金。其中包括 2012 年尼日利亚和安哥拉分别注资 10 亿美元和 50 亿美元成立的主权财富基金。这些基金都开展了农业相关项目的投资。[①]

国际金融机构通过设立专门基金进行投资。如国际金融公司（IFC）2008 年筹资 7500 万美元在英国成立"阿迪马同一世界农业基金"（Altima One World Agriculture Fund），并对包括非洲在内的地区进行农业投资。作为一家混合基金，该基金持有赞比亚资本公司（CENAFARM）股权。此外，国际金融公司还通过在非洲开发银行、南部非洲开发银行、西部非洲开发银行及西非共同体开发银行的股权基金投资非洲农业。2012 年非洲开发银行出资 5 亿美元成立了"阿格万斯非洲基金"，用于在非洲的农业产业投资。该基金声称，其中 1 亿美元将作为配套资金开展同援助方的在非洲的农业项目合作。

资本机构投资者通过各式基金进行投资。其中包括来自西方的养老基金、捐赠基金、套保基金、混合基金等基金或投资农业上游产业链或投资下游产业链

---

① AfDB, "The Boom in African Sovereign Wealth Funds", Jan. 11, 2013, http：//www. afdb. org/en/blogs/afdb – championing – inclusive – growth – across – africa/post/the – boom – in – african – sovereign – wealth – funds – 10198/.

的基金。如投资上游产业的，包括2008年成立于卢森堡的"紧急非洲土地基金"，资金规模5亿美元，在撒哈拉非洲投资土地1万公顷，主要投资目标地为撒哈拉以南非洲。2010年成立于南非的"未来增长农业基金"资金规模达1.25亿美元，主要投资地为南部非洲。2011年成立于开曼岛、资金规模为3.5亿美元的"菲尔斯全球农业基金"（Pharos Global Agricultural Fund）致力于投资苏丹、坦桑尼亚等国农业。

私营企业通过多种股权方式进行投资。正如上文所述，私营企业，特别是来自西方的私营跨国公司通过私募、基金、多元化投资公司（包括农业公司、涉农仓储/物流公司等）、大宗商品指数基金等对非洲进行农业上下游产业投资。此外，一些金融机构也通过业务支持私营业的投资，如开设风险担保、提供贷款等方式投资农业。

4. 地区分布特点

种植业投资分布仍较为集中。这主要是受各地区农业条件影响所致。受多元化的气候条件和开发条件影响，长期以来非洲各地区农业发展具有显著的区域特征，如北非地中海气候影响下的棉花、玉米、小麦等农作物种植优势、西非热带和亚热带气候影响下的热带经济作物种植优势、东非高原气候影响下的剑麻、棉花种植优势、南部非洲热带草原气候影响下的多种作物种植优势及沿海地区的渔业养殖优势等。因此，不考虑近年来农业技术革新给农业发展带来的新影响因素，跨国公司对非洲农业投资的分布仍体现出显著的区域特点。外国直接投资北非国家的主要粮食作物是水稻、小麦和油料作物及棉花；而投资南部非洲的是甘蔗和棉花；投资东非的是花卉栽培、小麦和大米。

投资出现了分散化特点。一方面，跨国公司现代农业技术的使用，使非洲很多国家的农业种植投资成为可能。另一方面，近年来很多非洲国家的经济高速增长为涉农跨国公司的投资奠定了基础。经济持续增长在提高民众收入的同时，也提高了高附加值食品消费能力，为涉农行业的投资提供了市场条件。

（三）国际对非农业合作存在的问题

在国际农业发展趋势影响下，非洲自身开发条件的潜力及对农业的重视使其成为吸引涉农跨国公司纷纷抢滩布局未来市场的重要地区，但作为整体经济发展水平和市场化程度较低的地区，跨国公司投资非洲面临的问题也是突出的。这不仅涉及非洲的经济自由化程度、市场化水平，也涉及企业将自身同投资地共同发展的战略定位。

1. 敏感的土地问题

大量土地获取的合法性问题。土地是农业投资，特别是作物种植的基础，也是大规模现代化耕作的基础。但机械化水平较高的现代化农场将直接影响失去土地的本地人的就业。土地问题已经成为近年来对非洲农业开发引发的国际关注焦点。农业跨国公司通过租赁和购买获取非洲大面积的土地从事农业被认为带来了对非洲本土土地的新的抢夺。根据粮农组织报告估计，2008—2010 年三年间，外国投资方在非洲获得了大约 2000 万公顷的土地。一些土地交易超过 1 万公顷，一些超过 50 万公顷。土地租借对土地的控制和使用权从短期到 99 年，直接损害了当地农民的利益。报告建议欧盟同非洲国家和市民社会组织进行对话以实现对土地争夺的共识，这将有助于解决非洲乡村人口饥饿和营养不良等问题。[1] 可见，尽管通过协议获得土地经营农业符合相关国家的土地政策，但如果被认为严重损害了投资国的利益，则给协议的执行带来了不确定性。近年来非洲多个国家因政党更迭，对前任签署的大型投资协议进行合法性重新审核以判断是否损害了国家利益。

---

[1] "The Role of the EU in Land Grabbing in Africa – CSO Monitoring 2009 – 2010 'Advancing African Agriculture' （AAA）：The Impact of Europe's Policies and Practices on African Agriculture and Food Security", http：//www. future – agricultures. org/publications/search – publications/global – land – grab/conference – papers – 2/1292 – the – role – of – the – eu – in – land – grabbing – in – africa – cso – monitoring – 2009 – 2010 – advancing – african/file.

获取小农土地带来的问题。很多情况下，租用土地后从事农业生产仍需要雇佣当地劳动力。这就形成了跨国公司与个体农民的合同关系。一些企业在劳动力雇佣方面通常借助当地的转包商进行。由此在工资分配中形成了新的利益链，直接影响了当地劳动力的收入，造成了他们的不满。在土地租用过程中涉及的农户搬迁补偿、提供必要的公共设施等方面存在的问题也较为突出。此外，雇工的收入方面也存在问题，种植园的雇员每天固定工作可以收入 2000 先令，约合 1 美元，如果工作没完成则得不到。通常劳工 2 天才可以收入 1 美元。一些工人得到工资要等一周。对此，资方却以工人属于转包业务方雇佣为由为其自身开脱。

2. 行业的上下游产业链配套及市场开发问题

工业化程度低导致产业链不完备是非洲多数国家面临的共同问题。就农业投资而言，主要集中体现在以下两个方面。

上下游产业链不完善增加了企业成本和市场开拓压力，这包括原料提供、物流配送、仓储、营销渠道等较多方面。以南非人在尼日利亚建立的一家从事木薯加工的企业为例，木薯是尼日利亚的重要粮食作物，其用途广泛，可加工成木薯粉、淀粉、酒精、葡萄糖浆等产品。尼日利亚政府也积极鼓励木薯粉下游产业链的发展，并要求面包师在加工面包过程中添加一定比例的木薯粉在里面，以减少对小麦面粉进口的依赖，促进当地农业加工业发展。但是，由于木薯从土地中收割后保存期较短，企业要保证木薯不变质必须在收割后 48 小时进入加工程序。而落后的道路基础设施及低效的当地雇员、高昂的物流成本都使企业正常生产难以保障。

市场配套融资工具不足。以农机销售为例，机械化生产和加工是农业发展的必经之路，也是提高农业生产率促进增长的有效途径。随着国际社会及农业跨国公司对非洲的关注以及非洲国家在发展问题上积极落实农业开发政策，非洲农机市场正受到前所未有的关注。但非洲国家普遍存在的金融服务落后状况严重制约了农机的销售。特别是在经济条件更为落后的乡村地区，个体农户在自身经济实力受限又得不到融资支持的情况下，农机的消费直接受到了制约。对此，西方跨国公司通过寻求与金融机构的合作来开发市场。以美国农机跨国公司爱科集团（AGCO）为例，该公司 2012 年宣布将投资 1 亿美元到非洲。针对农机购买力不足的问题，公司积极寻求同当地金融机构及各种开发组织合作，为个体农业户提供贷款。公司也寻求通过租借农用机械给个体农业户。

3. 企业社会责任问题

企业社会责任是一个涵盖较多领域的概念。在非盟制定的"非洲发展新伙伴计划"中，企业社会责任同非洲发展的诸多议题相结合，包括促进非洲和平、安全、民主和人权；发展重要基础设施；促进当地居民在教育和健康领域的发展；提高当地农业生产率；在开发非洲的过程中加强对当地环境的治理；促进非洲经济的多样化；支持发展良好的商业环境等。因此，就涉农跨国公司在非洲农业开发中践行企业社会责任进行论述似乎较为宽泛。本部分将集中分析以下两个方面。

企业执行力直接关系引资国的招商效益，项目执行不力则存在被政府收回的风险。多数非洲国家是传统的农业国家，农业人口占有较大比重，也是国民经济的重要支柱。因此，政府在该领域吸引外资的期望值较高，希望投资方能尽快将本国的资源优势转化为现实的增长力，即既希望能提高落后的农业生产解决粮食安全问题，也希望解决农村的就业给农业人口增加收入。而一些企业在经营过程中由于各种原因造成项目迟迟不能落实，最终导致当地政府取消投资协议。

投资方商业利益应兼顾当地的增长和包容性发展需要。资源开发首先应该服务于本国的社会经济发展并让民众受益。因此，就农业投资而言，首先应该考虑到非洲政府及民众的关切。在殖民时期非洲曾涌现了诸如"橡胶国""可可国"等殖民种植业经济形态。

但殖民统治之所以成为历史就充分反映了这种农业投资模式的不可持续性。近年来，虽然非洲国家吸引外资力度加大，但在当前国际经济形势下，非洲各国的自主发展能力也在不断增强。因此，通过农业领域的投资促进本国经济发展的多元化已经成为很多国家的发展方向。如在全球重要铜矿生产国赞比亚，虽然矿业经济占到 GDP 的 20% 左右，但政府对通过农业领域的投资促进经济多元化发展较为关注，由此其也成为近年来吸引涉农外资较多的国家。

三　深化中非农业合作路径

中国同非洲经贸关系的发展取决于中非合作模式的可持续性。对于多数以农业为国民经济支柱的非洲国家而言，推动其农业发展，不仅有助于其减贫和经济持续增长，也是建构互利共赢可持续中非关系的基础。因此，针对国际对非农业合作特点，汲取涉农跨国公司在非投资经验教训，对于扩大中非农业合作意义重大。

（一）汲取国际农业投资经验

了解国际对非农业合作趋势。非洲农业正受到跨国公司的关注。这既体现出非洲自身市场经济环境的变化，也是对国际农业投资的新趋势的反映。具体而言，集中在以下几个方面。其一，经过多年的改革，非洲农业投资环境得到持续改善。其二，涉农跨国公司对非投资新特点表明非洲经济发展的潜力正在释放。非洲不仅成为西方生物燃料公司的重要开发地，还是未来全球重要的粮食生产投资地。其三，西方涉农跨国公司正在积极布局非洲农业上下游产业，种植、农机、化肥、食品加工等行业备受关注。其四，非洲将是全球农业未来发展的重要地区，市场潜力巨大。

汲取西方跨国公司投资经验。其一，充分认识土地对于小农生计的重要性。无论是现代化的作物种植还是下游加工业的发展，要充分保障当地居民的合法权益。其二，要依法充分保障被雇佣劳动力的权益，如工资待遇、社会福利等，特别是要避免项目通过转包商雇佣劳动力，在工资分配中形成新的利益链，直接影响当地劳动力的收入。其三，对非农业合作应该立足于促进该地区经济的多元化发展。这是促进非洲经济健康发展的基础，也是中非合作可持续深化的关键。其四，针对非洲农业市场特点，积极参与非洲农业产业链建设和加强市场开拓金融工具手段的应用。其五，面对充满机遇但刚刚起步的市场，投资企业应该对在非投资项目经营周期有充分认识。其六，创新企业社会责任，积极践行"授人以鱼不如授人以渔"

对非合作意识，重视技术劳动力培训及相关技术转让。让非洲真正从中非农业合作中受益。

（二）立足当地发展需要

投资优先考虑当地农业发展需要。非洲是粮食安全问题最为突出、发展水平较差的地区，对非农业投资首先要立足于满足当地市场的需要。如作物种植要平衡当地居民需求和国际市场需求的关系，切忌产生种植项目与当地居民"争粮"的模式；避免项目生产对当地居民正常生产、生活的影响，如农业种植项目与当地居民争夺水源等。

深化对非农业合作。长期以来，南南合作框架下的中非农业合作援助特点突出。作为经贸合作的重要补充，通过南南合作促进对非洲农业的援助和技术转让使非洲国家受益颇深。但很显然，对于多数处于工业化前期的非洲国家而言，这种合作对于其发展需求差距较大。另外，相较于其他行业的经贸合作，农业合作规模有待扩大。以农业投资为例，据世界银行的统计数据，2003—2014 年，中国对非直接绿地投资主要是在采掘业和建筑业，而农业领域的绿地投资参与度很低。但作为劳动力密集型产业，扩大对非农业上下游产业的投资，对于促进当地农民收入增长、繁荣经济意义重大。因此，应在传统对非农业援助的基础上扩大对非农业产业链投资。

（三）创新中非农业合作模式

创新中非农业合作模式。土地是多数非洲农村人口赖以生存的基础。非洲国家自独立以来，土地使用一直是各国政府较为关注的问题。非洲政府通过各种政策促进土地的改革。国际机构和捐赠机构也通过投资非洲基础设施及其他援助促进非洲农村的发展。但受多种因素的影响，非洲小农经济发展一直不尽人意，如果得到有效的支持，其将同商业农业一样高效。因此，应积极探索同小农的合作模式。

推动非洲农业发展转型。根据非盟"非洲农业综合发展计划"，促进传统农业的转型已是非洲各国的共识。中国改革开放 40 年中，通过农村土地改革释放农民生产积极性、价格机制改革带动市场活力、加强农业基础设施建设、保障"三农"发展的措施，使得中国大量贫困人口消除的经验已经得到世界的认同，也是非洲国家较为关注的发展经验。因此，对非农业合作要推动企业参与开发地区的农业基础设施硬件（包括道路、灌溉设施等）建设和软件（包括创新金融对小农经济合作的支持，完善企业粮食种子提供、作物收购、加工等产业链，利用援助项目加强农业生产技术人员培训和大型农场管理人员培训等）建设。

第三章 "一带一路"与中非工业合作

一 非洲工业化的重要性及发展纲要

工业化是解决非洲发展的关键。在当前非洲工业化水平整体滞后、国际产业革命不断深化的背景下，非洲国家正在探索新的发展道路。"非洲工业加速发展计划"是新时期非洲针对自身工业发展条件做出的重要规划。

（一）非洲工业化的发展

长期以来，工业化是非洲国家关注的重要议题。非洲工业化的发展战略实施整体上经历了两个时期。第一个时期是独立后到 21 世纪之前。这一时期工业化政策的特点主要是"进口替代"。其出发点更多是维护国家经济独立和发展，工业化实施路径也更多体现在强调"自力更生"。但在随后的发展中，由于对本国工业的过度保护，工业生产缺乏国际竞争力，企业绩效低下，政府补贴带来沉重债务负担，最终非洲国家不得不实施大幅度的经济改革。第二个时期是 21 世纪以来，随着非洲市场的逐步开放，非洲国家更多强调通过经济多元化实现非洲工业化的发展。具体实施路径包括改善投资环境、加大基础设施投入、积极提高国内企业生产力、扩大多元经济发展、改善商品出口结构、重视可增加附加值的企业投资、充分利用本国自然资源和市场资源将资源潜力变为现实的增长力。

（二）非洲工业化发展现状及特点

工业化整体水平低下。按照联合国工业发展组织①就全球各国工业化水平的分类，非洲大陆无一个国家实现工业化。其中，新兴工业国家（Emerging Industrial Economies，EIEs）包括毛里求斯、南非、突尼斯。工业发展国家（Developing Industrial Economies）包括阿尔及利亚、安哥拉、博茨瓦纳、喀麦隆、佛得角、利比亚、摩洛哥、纳米比亚、尼日利亚、刚果（布）、科特迪瓦、埃及、赤道几内亚、塞舌尔、加蓬、斯威士兰、加纳、肯尼亚、津巴布韦。工业最不发达国家

---

① UNIDO，"Country Grouping in UNIDO Statistics"，Working Paper 01/2013.

（Least Developed Countries，LDCs）包括莱索托、利比里亚、贝宁、马达加斯加、马拉维、布基纳法索、马里、布隆迪、毛里塔尼亚、莫桑比克、中非共和国、乍得、尼日尔、科摩罗、刚果（金）、卢旺达、吉布提、厄立特里亚、圣多美普林西比、埃塞俄比亚、塞内加尔、塞拉利昂、冈比亚、几内亚、几内亚比绍、索马里、南苏丹、苏丹、多哥、坦桑尼亚、赞比亚。

工业产出对国民经济发展促进作用低。一方面，制造业产值对 GDP 的贡献远低于世界平均水平。以 2010 年为例，非洲的制造业产值占 GDP 的 10%，同期世界平均水平则为 17%。这一现象与 2005 年时相比，没有质的变化。加工业方面，占比在 20 世纪 70—90 年代处于上升状态，对 GDP 贡献所占的比重最高约为 15%。但 20 世纪 90 年代到 2008 年间，则处于下降趋势，到 2008 年为 10.5%，是 20 世纪 80 年代以来的最低水平。另一方面，工业增长速度较慢。相关研究表明，当 20 世纪的后 20 年世界低收入和中等收入国家工业发展繁荣时，非洲的工业却面临衰退。1995—2008 年，发展中国家的制造业年均增长率超过 6%，而非洲仅为 3%。不包括南非的情况下，非洲制造业产出占世界的比重由 1980 年的 0.4% 下降到 2005 年的 0.3%，非洲工业品出口占世界的比重由 0.3% 下降到 0.2%。2005 年，发展中国家制造业产出占 GDP 的比重平均约为 1/3，而非洲人均制造业产出和出口分别占发展中国家平均水平的 20% 和 10%。该地区制造业商品出口中的中高级技术含量的商品很少。20 世纪 90 年代以来，这种情况一直没有什么变化。[①]

（三）非洲工业化发展战略

工业开放式自主发展战略的形成。21 世纪以来，非洲工业化发展战略的主要代表是"非洲工业加速发展计划"（Accelerated Industrial Development for Africa，AIDA）及"非洲工业加速发展行动计划"（Plan of Action for Acceleration of Industrialization）。2008 年 1 月的非盟第十届首脑会议上，非盟委员会协同联合国工业发展组织、联合国非经委及其他合作伙伴共同制定的"非洲工业加速发展计划"获得通过。同年，为落实该计划，非洲国家通过了"非洲工业加速发展行动计划"。

"非洲工业加速发展计划"优先实施的领域如下。第一，确立各层面的政策支持。在全大陆、次地区和国家、国际合作层面，制定有助于生产和出口多元化，自然资源管理和开发，基础设施开发，人力资本开发

① John Page, "Should Africa Industrialize?", Working Paper No. 2011/47, UNU – WIDER, August 2011, http：//www. wider. unu. edu/publications/working – papers/2011/en_ GB/wp2011 – 047/_ files/86171955552518219/default/wp2011 – 047. pdf.

和持续，创新、科技，标准和适应性开发，法律、法规、制度框架开发，工业发展的资源流动性等工业化发展政策。第二，多手段推动非洲由资源依赖型经济向动力多元化工业经济转型。强调利用非洲丰富的资源为工业化提供基础并加速工业化发展。政策措施包括必须引入并使用资源开发税，延伸本地加工环节和提高原材料附加值。目标是提升非洲产品在全球相关行业价值链的位置。第三，在全非洲、次地区和国家层面重视对基础设施领域（包括能源、通信、交通、水等方面）的投资，解决该领域对工业化发展的制约。第四，重视技术人才教育和培训，为工业化发展保障人力资源供应。具体实施手段包括：加强同高校和研发机构的合作，提高非洲人才的自适应能力和新知识的商业化能力；要求在非企业以提高非洲员工技术素质为己任，加强对非洲人员参与全球性制造业发展能力的培训。第五，重视促进非洲工业化发展的产品国际准入和标准接轨。第六，在促进工业化发展的政策制定方面（包括非洲、次区域、国家）要充分考虑到国内和国际私营资本投资的自身发展需要。第七，加强金融和资本市场机制建设，为工业化发展提供资金支持。具体包括设立补偿性基金、侨民汇款和改革税收体系来增加收入。

二 非洲工业化面临的挑战

依靠工业化发展推动社会经济的综合进步是一个巨大的工程，也是一个漫长的过程。在现有工业化水平基础及全球工业产业分工的条件下，非洲在依靠传统的工业化手段和实现现代化预期之间有着较多的制约性因素。

（一）传统的工业化道路的产业制约

基于人类社会启动工业化进程以来的历史经验，在当前非洲发展工业化面临的现实条件的基础上，非洲国家已不可能走传统工业化道路。

首先，从资金积累来看，早期的资本主义国家在工业化进程中的资本积累过程是充满血腥的。很显然，后来的发展中国家的工业化已不可能走早期资本主义国家的工业化道路。从国际市场融资角度来看，资本的趋利特点决定了寻求回报率的本能。受市场条件等多种因素影响，更多国际私营资本仍会选择当前制造业仍集中的较非洲工业化程度较高的其他发展中国家。这极大地限制了非洲国家通过市场手段获取国际融资的能力。

其次，从技术角度讲，当前工业发展的技术条件发生了较大的变化。一方面，立足于减排和可持续发展的新发展概念日益受到世界关注，由此对工业化的可持续性提出了更高的要求，如排放的标准、环境的治理等。非洲仍处于技术的最低端，想要短期内实现超越，存在较多的挑战。另一方面，随着信息技术的快速发展，世界工业的发展已经进入了信息化时代。而信息化时代的工业发展对科学技术的要求有着更高的标准。

最后，从世界工业化进程中快速实现工业化国家的成功经验来看，非洲国家在多方面存在瓶颈。苏联、日本和中国是快速实现工业化的成功案例。作为工业化进程启动的后来者，国家资本主义在日本和苏联的工业化进程中发挥了重要的作用。与此相比，从20世纪80年代以来的经济改革开始，多数非洲国家政府对经济的干预能力在下降。从较早启动工业化进程的拉美经验来看，拉美国家早在殖民统治时期，就出现了资本主义的萌芽，在19世纪末20世纪初拉美国家基本确立了资本主义生产方式。20世纪30年代，拉美国家工业化已经取得了很大的成效。率先实行"进口替代"工业政策的阿根廷、巴西和墨西哥三国，在四五十年代已经陆续解决了消费品的国产化问题，60年代已经开始逐步实施工业品的"出口导向"政策，对外贸易基本摆脱了单一原材料的出口，建立起比较完整的工业体系。与此相比，目前多数非洲国家经常项目收支仍主要依靠对外原材料出口，产业结构极其单一，工业化程度很低。

（二）工业化水平与现代发展预期的差距

非洲的国民经济发展水平很低，社会公共服务水平也很低。但是，按照联合国发展要求，非洲国家应该在社会公共服务领域投入更多的资金。一方面，这有助于改善当地居民的生活条件，以实现"千年发展目标"；另一方面，这有助于改善投资环境，吸引外资。在自身财政困难重重的情况下，外部援助并不是解决公共服务的根本出路。即使在西方发达国家，其工业化早期政府所提供的公共服务也是极其有限的。问题在于，落后的非洲要吸引外资，就必须通过扩大基础设施建设增加社会公共服务来改善投资环境，以满足投资者的需要。企业竞争力是推动一国工业化发展的重要动力。但从低端制造业在经济结构中占主导的非洲国家来看，社会公共服务的提高，包括提供企业员工的医疗、教育等社会保障，将会增加企业的经营负担。此外，政府通过立法对劳工权利的保障，在维护劳工权利的同时客观上也加大了本地企业的经营成本。中国改革开放以来的快速发展，就一度被西方批评是利用缺乏社会保障的低劳动力成本获取了国际竞争优势。

　　落后的工业化水平与扭曲的城市化进程。这主要指的是落后的工业化水平难以解决大量的城市化人口就业。从发达国家工业化的经验来看，机器生产方式的确立，会带来大量的失业人口，伴随着经济水平的提高，新兴产业，特别是第三产业将会成为吸纳劳动力的重要领域。在此过程中，城市化进程应该是工业化进程的副产品。但在非洲，受多种因素影响，其城市化进程远高于工业化进程。研究表明，非洲城市化进程世界最快。人口向中心城市尤其是省会城市的大规模迁移，同大城市在沿海区域的聚集在一起，造成了许多国家人口和城市分布的严重失衡。在未来25年，非洲城市人口的增长速度几乎是总人口增长速度的两倍。到2025年，将有超过一半的非洲人口成为城市居民。较好的公共服务是吸引人口流向城市的拉动因素。自然灾害及农产品市场化的政策、频繁的冲突等是将农民及其家庭推向城市的重要因素。快速的城市化不仅没有创造出更多的财富来促进经济发展，相反却带来了一系列的城市发展问题。

　　落后的经济与现代治理体制的矛盾。20世纪90年代非洲民主化浪潮后，非洲国家基本建立了以西方国家为样板的现代治理模式。但是，受多元化利益影响，多党选举制度下形成的中央政府很难在推动工业化问题上达成强有力的共识，也缺乏长远的执政规划。因此，该体制既缺乏推动工业化发展的动力，也缺乏对机制自身发展的保障能力。一定意义上讲，现代治理机制是在工业化发展过程中确立的，适应工业化发展需要，并用以保障工业化及由此带来的社会进步的机制。但是，从 90 年代纷纷确立西式现代治理机制后，大多数非洲国家并没有因此走上稳定发展的道路，债务沉重、动乱频发仍成为其国家发展中的突出特征。这主要是同其落后的工业化进程密切相关的。从历史发展经验看，老牌资本主义国家在引入全民普选之前，现代的国家制度已经确立，这些国家的民主化是在已经建立了法治、活跃的公民社会、责任政府的基础上进行的。而非洲在没有建立这些重要的现代制度的基础上就引入了民主选举，这被称为"反向的"民主化。由此，当政者就不得不面临双重挑战：既要建立现代的国家制度，同时又要在选举中和反对党竞争。在经济发展水平低下、财政收入严重不足的情况下，国家不得不通过举债来维护选举等现代治理形式。

三　中非工业化合作

中国同非洲的工业化合作阶段特点和中国对非洲的工业化发展道路认识，都反映了中国自身经济发展阶段的特点。作为工业化发展起步相似但成效不同的国家，中国的工业化发展经验对于中非间的经验交流具有积极意义。

（一） 中国同非洲工业化合作的阶段

从时间和中非产业合作内容看，中国对非工业投资发展经历了五个阶段。大体时间分为 1979 年之前、1979—1990 年（探索阶段）、1991—2000 年（转型阶段）、2001—2013 年（创新阶段），2013 年后到目前（步入快车道阶段）。从工业化合作理念和内容看，不同阶段的特征也显著不同。这五个阶段不仅反映了中国工业化发展的进程，同时打上了中国基于自身工业化水平促进同非洲共同发展的国家战略。

第一阶段，中国改革开放之前，自身发展水平较低，缺乏对外投资能力，但出于第三世界共同属性，中国积极开展了对非洲国家的以援助为主的特定投资项目，其主要目的是以成套项目援助，促进相关国家建立基本工业基础。类似项目包括帮助非洲国家建立纺织厂、制糖厂等轻工业。尽管有些项目在建成后，中方长期参与运营和管理合作，但严格意义上不属于工业投资。

第二阶段，随着中国的改革开放，中国政府积极探索对非合作方式，以市场为基础的企业合作开始走到前台。这一阶段对非投资合作的特点，也反映了中国国内经济发展道路的探索。1979—1990 年，中国对非洲的直接投资与贸易、援助相辅相成，在非洲共投资 102 个项目，投资总额达 5119 万美元，每个项目平均投资额约 50 万美元，也有一些大中型项目，如在刚果（金）建立的金沙萨木材加工厂，投资额超过 500 万美元。

第三阶段，确定对非投资以市场为主、援助为辅的合作思路。从 20 世纪 90 年代初到 2000 年，中国开始将对非洲的援助转化为双边企业间的合资合作。1995 年中国政府改革援外方式，将中非合作的主体从政府转向企业，实行援外方式和资金的多样化。中国积极帮助受援国建立生产项目以获得经济发展动力，将援外与直接投资、工程承包、劳务合作、外贸出口紧密结合起来。1995—1999 年，中国政府与 23 个非洲国家签订了政府间有关贷款框架协议，从资金方面帮助中国公司和企业到非洲投资。中国企业只要在这些非洲国家找到了合适项目，便可申请有关贷款。为促进对非投资，1995—1997 年，中国政府在埃及、几内亚、马里、科特迪瓦、尼日利亚、喀麦隆、加蓬、坦桑尼亚、赞比亚、莫桑比克和肯尼亚设立了 11 个"投资开发贸易中心"，专门为中国企业到非洲开展经贸业务提供具体服务及安全保障等。1998 年，国家计划委员会（现国家发展改革委）确定对非投资规划方案，第一次就对非投资领域、规模及投资目标进行量化分析，并提出相关指导意见。这标志着中国对非投资工作开始孕育面向 21 世纪的战略转变，即由贸易型投资逐渐向生产加工和资源开发型投资转变。

第四阶段，创新合作模式，创新合作理念，提出互利共赢基础上的投资合作。2000 年起，中国政府实施"走出去"战略，积极应对经济全球化挑战。中国企业在纺织、家电、建材、农业、食品加工等行业技术成熟，质高价廉的产品给非洲人民带来实惠；投资非洲除享有当地优惠政策外，还享有欧美等发达国家对非洲国家的优惠政策。因此，非洲市场是中国实施"走出去"战略的重点地区之一。中国采取了一系列政策，鼓励企业到非洲投资建厂，如适当放宽了企业境外投资限制，建厂投资的设备、零件、原材料享受出口退税。对于在国外投资带动国内相关产品出口的企业及新开拓出口市场的企业和产品；中国政府从简化手续、减免税费征收等方面实行政策倾斜，加大鼓励力度。政府还允许境外企业在开业的 5 年内所获外汇全额留成，以用于扩大再生产。2006 年，中国大力推动有信誉、有实力、有比较优势的各类企业积极参与中非各个领域的经济技术合作。截至 2012 年，中国已与 32 个非洲国家签署双边投资保护协定，与 45 个国家建立经贸联委会机制。截至 2012 年，中非发展基

金在非洲 30 个国家投资 61 个项目,决策投资额 23.85
亿美元,并已对 53 个项目实际投资 18.06 亿美元。中
国金融机构通过多种手段,积极扩大对非融资支持。
2009 年中非合作论坛第四届部长级会议上,中国宣布
设立"非洲中小企业发展专项贷款"。截至 2012 年,
专项贷款累计承诺贷款 12.13 亿美元,已签合同金额
10.28 亿美元,发放贷款 6.66 亿美元,有力支持了农
林牧渔、加工制造、贸易流通等与非洲民生密切相关
行业的发展,有超过 2500 家中国企业在非洲的 50 多
个国家和地区投资兴业,合作领域从传统的农业、采
矿、建筑等,逐步拓展到资源产品深加工、工业制造、
金融、商贸物流、地产等。

第五阶段,党的十八大以来,中国以命运共同体
理念深化对非合作,以进一步提高非洲自主发展能力
为目标,积极深化对非工业化合作。首先,以"中非
命运共同体"高度关注非洲发展需求。2013 年 3 月,
中国国家主席习近平开始就任以来首次出访,对象国
包括俄罗斯和非洲的坦桑尼亚、南非和刚果共和国。
习近平主席在出访过程中发表了系列重要讲话,其中
包括 3 月 25 日在坦桑尼亚尼雷尔国际会议中心发表的
题为"永远做可靠朋友和真诚伙伴"的重要演讲、3
月 29 日在刚果共和国议会发表的题为"共同谱写中非
人民友谊新篇章"的重要演讲。他提出了对非关系的

"真、实、亲、诚"理念，强调"中非是休戚与共的命运共同体。历史反复证明，中国发展好了，非洲发展会更顺；非洲发展顺了，中国发展会更好"①，从战略高度再次肯定了中非关系的重要性。其次，肯定非洲在开放式自主发展方面的积极探索和取得的成绩。2015年12月在中非合作论坛约翰内斯堡峰会开幕式上的致辞中，习近平主席肯定并赞同了非洲国家在自主发展方面的努力和取得的成就，指出"今天的非洲呈现出蓬勃发展的新景象，令人振奋、令人鼓舞。非洲积极探索符合自身实际的发展道路，坚持以非洲方式解决非洲问题，独立自主势头锐不可当。非洲积极推进工业化，谋求自主可持续发展，快速发展势头锐不可当。非洲加快一体化进程，在国际舞台上坚持用一个声音说话，联合自强势头锐不可当"。② 再次，指出了未来中非工业化合作的原则和方向。习近平主席指出，要"坚持政府指导、企业主体、市场运作、合作共赢的原则，着力支持非洲破解基础设施滞后、人才不足、资金短缺三大发展瓶颈，加快工业化和农业现

---

① 《中国坚定奉行对非友好政策》，《人民日报》（海外版）2013年3月29日第1版。

② 《习近平在中非合作论坛约翰内斯堡峰会开幕式上的致辞》（全文），2015年12月4日，http：//news. xinhuanet. com/world/2015－12/04/c_1117363197. htm。

代化进程，实现自主可持续发展"。① 最后，明确了工业化合作的阶段性内容。在峰会上，习近平主席提出了深化中非合作的"十大合作计划"，其中排名第一的就是中非工业化合作计划。他提出，"中方将积极推进中非产业对接和产能合作，鼓励支持中国企业赴非洲投资兴业，合作新建或升级一批工业园区，向非洲国家派遣政府高级专家顾问。设立一批区域职业教育中心和若干能力建设学院，为非洲培训 20 万名职业技术人才，提供 4 万个来华培训名额"。② 由此可见，新时期的对非工业化合作不仅充分考虑到了非洲工业化发展的需求，也是针对非洲工业化发展特点而积极对接非洲本土化方案的工业化合作。

（二）中国学界对促进非洲工业化发展的认识

在多年的中非合作中，中国学者对于中非合作促进非洲工业化发展有积极的认识。这主要包括以下几个方面。第一，都是发展中国家，产业结构等存在较大的互补性。第二，中国有资金、技术以及管理方面的合作优势。第三，中国有完整的产业链，在产业升级和发展转型中有转移产业的客观需求。第四，中非

---

① 《习近平在中非合作论坛约翰内斯堡峰会开幕式上的致辞》（全文），2015 年 12 月 4 日，http：//news. xinhuanet. com/world/2015 – 12/04/c_ 1117363197. htm。

② 同上。

合作可持续性的需要。这主要体现在贸易合作对促进非洲工业化的局限性。近年来中非贸易增长较快，但非洲贸易结构存在问题：非洲出口商品主要为原材料及初级产品，进口商品需求种类较多。对于资源匮乏型非洲国家，其对华贸易赤字缺口较大，不可持续。因此，推动非洲工业化发展是实现中非经贸合作可持续的重要内容。第五，通过多年的合作，中国在促进非洲经济增长和工业化发展方面取得了很大的成绩。特别是中非合作论坛启动后的十多年来，中国在促进非洲工业化发展方面起到了重要作用。一方面，对非经贸合作在贸易基础上关注对非投资，对非洲产业结构多元化方面起到了积极作用。另一方面，投资企业在项目中对当地员工的培训、技术转移等，有利于提高当地劳动力技能。因此，通过深化合作促进非洲的工业化发展是实现"命运共同体"的重要手段。

中国工业化经验不可简单复制。这主要是基于中国工业化经验的特殊性。中国改革开放40年来的快速增长促进了工业化的迅猛发展，成就了中国"世界工厂"的地位，也缔造了人类发展进程中的奇迹，由此也吸引了国际社会较多的关注。但事实上，中国工业化成绩与中国历史的积淀分不开。简单介绍如下：第一，从技术积累来看，中国作为四大文明古国之一，中国人崇尚知识，重视教育和传承文化，历史累积的技术文化底蕴深厚，对于学习和吸收新技术并创新发展有着较好的基础。第二，中国长期重视农业发展。中华人民共和国成立后，中国建立了完整的工业体系，并以计划手段完成了大量重要的基础设施，特别是农业、水利等领域的基础设施，为中国的工业发展提供了重要的保障。此外，更为重要的是，中华人民共和国成立后在发展工业化政策上整体通过"以农补工"方式为工业起步奠定了重要的基础和积累，也为后期的"以工补农"创造了条件。相比之下，作为发展中国家，非洲国家如果要在市场经济条件下，在很短的时间内完成这些要素的积累是一个很不现实的问题。第三，农业文明影响下的民众消费习惯，为中国的资本积累奠定了重要基础。第四，改革开放以来经济政策对市场的活跃和保障。第五，中国巨大的消费市场和人力资源，特别是在人口变成人力资源这一过程中，国家的改革发挥的作用。第六，最为重要的是，中国有着一个可以高效发挥政府职能、确保政策延续性和制度稳定性的治理体系。诚然，造就中国工业化快速发展的因素是多元的，甚至涵盖诸多笔者所没有谈及的问题，但这同样也表明工业化的发展本身就是一个多元条件影响下的历史进程。探索新的发展道路本身充满不确定性，正如不同历史时期存在对中国发展政策持有质疑的学者，但历史发展却证明了中国发展政策对改变中国贫穷落后面貌的重大作用。在非洲的工业化问题上，笔者同样相信非洲会结合自身发展特点，探索出符合自身的工业化道路，这也是本书肯定非洲积极探索"开放式自主发展"所取得的成就的重要出发点。

"向东看"学习中国发展经验面临制约因素较大。随着中国经济持续多年的高增长，国际社会对所谓"中国模式"的关注度较高。很多非洲国家也提出了向新兴市场国家，特别是向中国学习的"向东看"政策，一方面，试图使本国经济搭乘新兴国家快速增长列车，另一方面，很多国家也希望通过借鉴学习中国的经济发展经验促进本国的发展。但从实际情况分析，非洲国家"向东看"学习中国经验所面临的挑战仍是巨大的。以近年来重视学习中国经验的南非为例，南非政府认为"近一百年来，南非的经济结构并没有取得显著变化，国民经济仍以采掘业及相关产业为主。结构性失业导致大量的年轻人和非技术人员找不到工作。电力、水和交通等基础设施不足和运营低效，制造业基础不断削弱，私营部门在国内和全球竞争机会中并没有足够的优势，储蓄率低，国家发展对短期资本有着较大的依赖"。造成这种状况的一个重要原因是，南非缺乏保持一致的长期发展计划，这削弱了国家的发展能力。① 2009 年 5 月祖马上台后，成立了国家计划委员会，加大了对国家经济的宏观调控。他认为，建立国家计划委员会是提高长期计划和实施能力的具体表现。② 2009 年 8 月 12 日，议会通过了《公共咨询国家战略计划绿皮书》，为此，国会成立了由社会组织、机构和个人等组成的委员会。通过该委员会内广泛的协商来制定国家的发展战略。2010 年南非通过了"5 年发展战略计划"，2011 年国家计划委员会出台了《2030 年国家发展规划》等。但是，南非非洲人国民大会执政近 20 年中，仅凭解决土地问题进展缓慢就充分反映出南非在推动改革方面所面临的严重制约。

中国在促进非洲工业化发展方面面临如下挑战。第一，相对优势的错位。相较于非洲，东南亚、中亚、拉美等地区的国家在工业基础和市场条件等方面对中国企业"走出去"有很大的优势和吸引力，而多数非洲国家由于技术劳动力缺乏、产业单一等问题，给中国企业投资增加了成本。第二，工业生产配套基础设施差。第三，当地低收入水平条件下的市场需求不足。仅以通信业为例，有信息显示，由于通信网络在最近

---

① *Green Paper*：*National Strategic Planning*，http：//www. info. gov. za/view/DownloadFileAction?id = 106567.

② Notice 101 of 2010，Publication of the Revised Green Paper：National Planning Commission，http：//www. info. gov. za/view/DownloadFileAction?id = 116276.

10 年内快速发展，非洲运营商因网络传输线路太多而面临无利可图的窘境。

（三）合作共赢是推动非洲工业化发展的思路

切实推进非洲国家的工业化，需要中国同非洲国家结合中国的发展经验，针对非洲工业化发展战略及相关国家的特点，以及国际政治经济形势的变化，共同应对。从当前来看，应注重以下几个方面的工作。

积极对接工业化发展战略，依托非洲"资源走廊""空间走廊""发展走廊"规划，积极推动非洲一体化建设。实质上，开展这三个走廊的合作同中国推广的"一带一路"倡议有异曲同工之处。围绕资源开发，带动基础设施建设，最后促进相关地区的社会经济发展，提升非洲区域市场的一体化发展。

针对不同国家的资源禀赋特点开展工业合作。围绕资源开发，通过促进基础设施建设、积极改善公共政策环境、加强人力资源开发等众多手段促进非洲的工业化发展。但是，从具体情况来看，非洲国家众多，资源禀赋特点差异较大，这给非洲国家的工业化带来了很大的挑战。由此，对非工业化合作应该立足于整体规划，分国家布局，避免完全依靠市场自发投资导致在同一地区或国家的重复投资、产能过剩。如是，则需要中国对非产能合作重视项目的引导和规划。

积极参与多边安全协商机制。推动非洲的政治稳定和经济政策连续对于促进非洲改善投资环境具有重要意义。多边机制的参与水平是衡量一个国家世界地位的重要指标。相较于西方国家在非洲范围内的协调、合作机制，目前中国在非洲地区的多边参与规模较小，能力较弱。从参与非洲发展的长远考虑，中国应加强对非洲多边机制的参与，不仅要积极参与非洲地区的区域组织等多边机制，还应该积极参加西方国家对非关系的协调机制。

合作项目的筛选应基于非洲长远增长的考虑。非洲国家在人口、资源、地缘等方面有着较大的差异，因此对非工业化合作应该针对非洲国家的具体资源禀赋进行规划。相应地，在具体合作项目的选择上，避免过分依照非洲国家的"要求"而参与相关项目合作，而应根据地区内市场的资源特征布局非洲，开展项目合作。

加强人文科技合作，扩大应用性技术培训。从发达国家对非经济合作的经验来看，重视对非应用性技术的培训，不仅对于提升当地劳动力技术水平、增加就业有着重要的意义，还有助于扩大对非经济技术合作。近年来，非洲国家希望中国在同其合作中加大技术培训和技术转让的呼声较高。加强该方面的合作符合非洲的需求。此外，随着工业制成品的输出以及直接投资的增加，培养当地技术劳动力对于扩大市场具有重要意义。

加快产业链的转出，不仅有助于非洲工业化，也有助于中国技术进步。非洲国家日益重视外资在加工业中的作用，希望通过增加当地原材料附加值来改变长期的原料出口并增加就业。而随着中国政府经济发展转型战略的实施，富裕产能实现产业转型和升级已提上日程。非洲是通往发达国家的重要桥头堡市场，中国企业对非投资转出产业链，将会给中国企业产业链晋级提供更多的机会。

第四章 "一带一路"与中非
矿业合作

一 非洲矿业发展的重要性及发展纲要

矿业是非洲发展取得突破性进展的重要领域，也是非洲提升自主发展能力的基础。针对国际市场需求的变化，非洲制定了"非洲矿业愿景"，为非洲矿业发展提出了具体的发展路线图。

（一）非洲矿业发展的重要性

矿业是非洲发展取得突破性的关键领域。一方面，矿业是人类现代化经济发展的基础，也是后发展中国家实现经济增长和可持续发展的重要依托领域。针对非洲发展提出的"资源走廊""空间走廊""发展走廊"所依托的就是非洲的矿业资源开发。矿业已经被非洲国家视为促进发展的主要推动力。另一方面，国际机构所关注的非洲转型与发展的重要着眼点也是矿业经济。从治理角度看，由于矿业经济的巨大资金流，该领域也成为西方"市民社会"关注的非洲政府"民主与良治"的核心部门，如西方推动的企业社会责任标准"采掘业透明度协议"的主要实施国家就是重要的资源开发国。

矿业是非洲提升自主发展能力的基础。 矿业所有权的变化体现了非洲国家能在多大程度上将本土资源潜力变为可造福当地的能力。受历史因素影响，长期以来坐拥大量矿产资源、发展潜力较好的非洲国家，在长期的发展中不仅没有获得相应的发展成就，相反却陷入"资源诅咒""矿业飞地"，以及有增长无发展和资源开发恶性循环等陷阱中。因此，非洲国家一贯重视提高矿业领域的自主发展能力，希望将矿产资源潜力变为现实的发展能力，促进社会经济的综合发展。

（二）非洲矿业发展纲要

21 世纪体现非洲开放式自主发展的矿业发展战略的是 2009 年 2 月非盟首脑会议上非洲国家签署的"非洲矿业愿景"。具体措施包括改善投资环境、加大矿业开发监管、促进矿业在国民经济转型和产业结构完善方面的带动作用、提高矿业收入对国家实现千年发展目标的贡献等方面。"非洲矿业愿景"是"非洲发展新伙伴计划"在矿业领域的集中反映，也成为之后非洲国家落实矿业发展的纲领性文件。"非洲矿业愿景"是多个次地区矿业发展新思路基础上的地区化战略。该战略充分反映了相关次地区国家重视矿业并希望以新的原则和理念开发矿业的经验。

"非洲矿业愿景"的基本内容。根据"非洲矿业愿景"，5年内主要目标包括：提升自然资源管理、提高矿业收入管理及分配，社会平等，加强"非洲矿业愿景"实施的机制建设，培育本土中小企业，提高妇女地位和劳动能力，提高非洲的交易能力，促进矿业安全生产，进一步掌握资源数据，提高矿业领域经济活动的公共参与，消除资源开发领域存在的侵犯人权及资源争夺冲突，改善软硬件基础设施，重视能力建设，促进资本流动，优化土地使用和促进环境保护及企业社会责任，协同有潜力的合作方。中期目标（5—20年）主要包括：加强矿业立法及相关标准的制定（包括开发许可、犯罪制裁等），实施非洲发展新伙伴计划的"空间发展计划"，通过建立国家技术创新和改造集群促进产业上游高附加值产业发展，提高价值链促进经济多元化发展。长期目标（20年后）主要包括：实现矿业最大化带动当地经济发展和行业多元化发展，提升当地经济发展能力并推动工业化发展，通过经济多元化提升非洲在世界经济中的竞争力，促进地区经济一体化。

"非洲矿业愿景"共识下非洲国家矿业政策的调整。随着"非洲矿业愿景"的出台,一些主要矿产国纷纷启动了对旧有矿产法的修改。从形式上看,目前非洲国家对矿业政策的调整已经多元化,利用综合手段提高矿业发展自主权成为主要特点,体现为既强调资源潜力转变为现实经济能力,又注重资源开发与社会经济发展的可持续性。其中包括:

一是重新重视国家在矿业开发中的直接收益。具体手段包括:(1)对矿业开发增加特许费,增加税收等。如南非在2012年由政府专家团队提出了对探矿权销售增加50%的超级利润税、50%的资本所得税的建议;执政的南非非洲人国民大会还在研究更大限度地干涉矿业的可能性。在重要黄金生产国加纳,为确保矿业收入最大化,政府计划将矿业公司税率从25%提高到35%,利润税从现有的产出特许权税率5%增加到10%。(2)扩大政府在矿业开发中的权益,表现为增加参股、占股,谋求股权介入和红利收益等。世界最大的铝矾土储量国和最大的铁矿石蕴藏国之一的几内亚,要求在所有矿产项目中持15%股份的基础上选择再购买20%的股份。安哥拉2011年9月23日开始实施新的非石油矿产法,规定政府将不再像以前一样对矿业企业要求占有较高股权,而是在所有矿业项目中保留最少10%的无偿附带权益。

二是提升政府矿业开发许可授权及监管水平。这主要表现在收回矿权、重新评估矿权及吊销业务许可证,强化对矿业开发的直接行政介入等。政策调整国家包括南非、纳米比亚、利比里亚、几内亚和津巴布韦等国。尼日利亚政府也可能就离岸油田合同和外国石油公司再次谈判,相关主管部门称目前的"不平等财政条件"使得政府在该方面的税收损失达到50亿美元。2012年7月,利比里亚政府以不遵守矿业规则(主要是开发延缓)为由吊销了25家矿业公司的许可证。

二 国际对非矿业合作的趋势及特点

非洲是全球唯一一个矿业尚未大规模商业开发的大陆。多种矿产的巨大蕴藏量及国际需求使非洲正成为国际矿业投资的关注热点,而西方矿业公司仍占据主导地位。很显然,非洲矿业开发环境的制约性也是突出的。

(一)非洲矿产资源发展现状及区域特点

非洲是全球的矿产资源最丰富的大陆之一。根据美国地质勘探局统计,非洲很多矿产储量全球排名第一或第二。重要的矿产包括铝矾土、钴矿、铁矿、铜矿、锰矿、磷酸盐、铂族金属、工业钻石等。多数国家拥有丰富的矿产资源，资源开发在国民经济中发挥着举足轻重的作用，也是其未来经济发展和增长的动力。

整体上，非洲矿业生产近年呈平稳上升趋势。矿业产量（不包括铁铝氧石）由 1984 年的 491396727 吨增加到 2013 年的 961000007 吨，增幅达 95.6%。此外，与世界矿业增速相比，非洲矿业增速高于同期世界增长水平。同期世界矿业生产增速为 80.3%，产量由 1984 年的 9420404082 吨增加到 2013 年的 16989447675 吨。1984 年，非洲矿业生产占全球的比重约为 5.2%，到 2013 年上升到 5.6%。

矿业正成为非洲国家发展的主要动力。根据《金融时代》（*Financial Times*）的 2014 年全球 FDI 报告（2014 Global FDI Report）对全球绿地投资的统计，近年来非洲是全球 FDI 流动第三大增长地区，仅次于拉美和加勒比地区。2013 年莫桑比克是最大的外国直接投资流入地，达到 60 亿美元；尼日利亚位列第二，为 58 亿美元；南非为 54 亿美元；埃塞俄比亚和肯尼亚分别是 45 亿美元和 36 亿美元。[①] 煤炭、石油和天然气仍

---

① "What You Need to Know about Recent FDI Trends in Africa", http://mgafrica.com/article/2014 – 07 – 09 – what – you – need – to – know – about – recent – fdi – trends – in – africa/.

是主要投资领域。在这些项目的带动下，房地产、信息通信成为第二大和第三大吸引投资的领域。

矿业初级产品出口仍是多数非洲国家矿业产业的主要经营方式。为促进矿产品出口，非洲国家开始注重通过区域组织的共同矿业政策来进行。其中重要的共同市场组织包括：东南非共同市场（COMESA）、东非共同体（EAC）、中部非洲国家经济共同体、西非国家经济共同体（ECOWAS）、马努河联盟、南部非洲发展共同体（SADC）、西非经济货币联盟及以阿尔及利亚、利比亚、安哥拉、尼日利亚为其成员的石油输出国组织。

非洲矿业发展地区特点差异较大。南部非洲发展共同体成员国矿业出口产值约占全非洲矿业出口总额的2/3。在东非地区，矿业带主要包括坦桑蓝宝石带及黄金带。在中西部非洲，铁矿石等矿业的勘探近年来一直升温，如几内亚、利比里亚、塞拉利昂等国。受此影响，道路运输设施建设得到了较快的发展。据摩根大通集团（JPMorgan Chase & Co.）估计，西非地区受矿业开发带动，未来十年铁路新建规模将达到4900公里，将有十多个港口获建。北非地区是全球重要的磷酸盐储藏地，其储量约占全球的85%。摩洛哥是重要的产矿国，其产量约占全球产量的1/4。

（二）国际对非矿业开发趋势

非洲矿业正受到国际投行前所未有的关注。其一，非洲矿业开发严重滞后。长期以来，作为整体的非洲大陆，并不是全球矿业投资的核心关注区域。一方面，在世界矿产品需求有限的情况下，很多地区的矿产开发条件要好于非洲地区。另一方面，非洲国家20世纪50年代纷纷取得政治独立后，出于发展社会经济的需要，曾一度将矿产领域作为国家改革的重点，其中包括国有化。非洲国家自身开发能力不足，这在很大程度上限制了矿业的发展。其二，随着世界人口的不断增加、人类工业化以及许多发展中国家的快速城镇化，对矿产资源的需求不断扩大，非洲矿产资源成为国际投行的重要关注点。而2008年国际金融危机发生前世界矿产品价格的飙升，让国际投行充分认识到中国、印度等国家对矿产品需求的强劲。因此，投资布局非洲矿业，是参与亚洲增长火车头资源消费的重要手段。

西方国家对非矿业的投资趋势特点明显。其一，整体上，美国、英国、法国、澳大利亚、加拿大等世界矿业大国的跨国公司在非洲矿产资源勘探和开采领域占据主导地位，投资额占到非洲接受矿业FDI的七成左右。其二，受历史及传统合作影响，西方大国对非投资国别特点显著。如英国对非矿业投资主要流向非洲的英联邦成员国家，如南非、尼日利亚、加纳、肯尼亚等国。其中，南非是英国在非洲投资额最高的国家，历年英国对南非投资存量占其对非投资总存量的50%左右。美国对非矿业投资主要集中在传统合作密切的国家，如埃及、阿尔及利亚、赤道几内亚、安哥拉。这四国吸收美国对非矿业投资规模的一半以上。而非洲传统矿业大国南非仅吸收各年美国对非矿业投资的1%左右。法国对非矿业投资主要集中在北非和非洲法郎区国家，行业领域更多集中在油气和铀矿方面。法国对非洲的矿业投资95%以上均为对非洲油气领域的投资，对固体矿物的投资基本集中在铀矿上，除此之外很少投资其他固体矿物。截至2011年，法国在非洲FDI存量为391.4亿欧元；其中，北非FDI存量157.23亿欧元，占比40.17%；非洲法郎区66.53亿欧元，占比17.00%；石油富集国安哥拉和尼日利亚存量分别达63.02亿欧元和58.85亿欧元，占比分别为16.10%和15.04%。

投资环境仍是西方企业关注的重点。如英国财经时代（FT）作的一项调查表明，近年来非洲矿业出现的一些新趋势不利于投资。其中包括资源民族主义、交通运输设施落后、劳动力挑战、对矿业的依赖、政治不稳定及带来的政策风险。南部非洲资源观察（Southern African Resource Watch，SARW）认为，由于腐败、监管弱及法律不健全等因素，民众在资源开发中没有得到收益。但是，油气资源开发仍是南部非洲经济发展的支柱型行业。这些情况将不会在短期内取得较大改变。除这些长期存在的问题外，也有一些研究机构认为，21世纪以来，该地区的国家并没有从丰富的资源开发中受益。因此，如何通过行业规范和市民及非政府组织的监督促进政府通过资源开发给当地民众带来社会经济的综合发展是未来非洲矿业开发领域应迫切关注的问题。

三　中国参与非洲矿业开发的规模及经验

中国是参与非洲矿业开发的后来者。但中国与非洲的矿业合作为非洲带来了真正的发展。一方面，全产业链的合作和输出，提高了非洲的自主发展能力，改变了非洲长期存在的资源开发有增长无发展的局面，降低了下游产品的对外依赖。另一方面，在西方矿业公司撤离的背景下接手矿业项目，通过产业链延伸让非洲国家矿业潜力变成现实的增长力，带动了其社会经济的综合发展。

（一）中国在非洲采矿业的参与

中国在非洲采矿业的参与规模。根据《中国与非洲的经贸合作（2013 年）》的数据，截至 2011 年，中国采矿业对外投资存量约为 670 亿美元，流入非洲49.7 亿美元，全球排名第三，前两名为流入欧洲 57.5亿美元，流入澳洲 77 亿美元。2009—2012 年，中国对非直接投资流量由 14.4 亿美元增至 25.2 亿美元，年均增长 20.5%，存量由 93.3 亿美元增至 212.3 亿美元，增长 1.3 倍。而矿业投资占比由 2009 年年底的29.2%上升到 2011 年年底的 30.6%，行业直接投资约为 49.7 亿美元，居行业投资之首。矿业的投资也是带动相关行业投资的主要动力，如建筑业（16.4%，约为 26.7 亿美元）、金融业（19.5%，约为 31.7 亿元）等。由此，因矿业产生的直接和间接投资规模达近百亿美元。

中国参与非洲采矿业的进程。中国对非直接投资在 20 世纪开始起步，初期仅有零星项目；截至 1990年，中国对非直接投资项目共 102 个，投资总额仅为5119 万美元。进入 21 世纪，特别是近年来，中国对非矿业合作提升较快。中国参与非洲采矿业的进程主要是随着三方面的因素推进的，即中国国内市场的需求增加、非洲国内投资环境的改善以及国际经济环境的变化。受以上因素影响，中国的对非矿业投资近年来开始积极参与非洲采矿业发展。

中国参与非洲资源开发的模式。近年来公开显示的企业矿业投资数据及已有的研究成果表明，整体上中国对非资源开发处于初级阶段。一方面，投资企业较少。中非基金研究表明，目前中国已对非洲开展矿业投资的企业有限，投资相对零散，投资主体主要是矿业企业、冶炼企业、工程企业、勘探单位及其他企业五类企业。另一方面，投资规模较小。到目前为止，我国在非进行矿业投资的大中型企业约有 38 家，主要分布在非洲 16 个国家。此外，投资经验不足。近年来中国企业才走出去在海外进行矿业投资，无论是参与方式还是管理经验都与发达国家矿业企业有着较大的差距。从行业特点及投资形式来看，中国对非矿业投资又体现出一定的特点。这主要包括以下几个方面。

首先，合资与收购是参与非洲矿业经营的主要模式。合资主要是同东道国政府，但相较于近年来的国际收购，规模较小。一方面，合资项目资源潜力本身存在不确定性；另一方面，一些项目为西方企业搁置项目。此外，合资项目中通常中方股份占有比例较低，如加纳科恩项目持股 10%，南非亚南项目持股 6%。尽管苏丹大尼罗公司项目中中方占股 40%，但这在很大程度上同该国受到西方的制裁有关。而在并购项目中，中方所占股权较高。例如，谦比希项目占 85%，尼日利亚 OML－130 区块项目占 45%，金川集团收购穆纳利（Munal i）镍矿 51% 的股权，中铝与力拓的西芒杜项目获得合资公司 47% 的股权等。

其次，民营企业日益成为对非矿业投资的重要参与方。据媒体公开信息，2005 年以来，浙江民企开始进入非洲矿业领域投资，其中包括长青实业公司赴刚果（金）开发铜矿、钴矿等重金属资源。2006 年，无锡通达进出口贸易有限公司进入南非以 150 万美元收购南非盛堡矿业有限公司 51% 的股权，该公司还积极收购刚果（金）的钴矿、铜精矿石。2011 年，汉龙收购了非洲矿业公司的股份。

最后，矿业投资质量尚未体现。其一，相较于其他国家的在非矿业投资，中国无论在规模还是数量上都存在较大差距。其二，多数矿业项目投资合作仅仅处于开始阶段，其经营成效还未体现。其三，中国对非矿业投资较为集中。中国对非 FDI 主要流向油气和矿产资源富集国：中国对非 FDI 存量前 10 位的国家中，有 8 个国家为油气或矿产资源富集国，它们共吸收了中国对非 FDI 存量的近 70%，其中南非吸收了中国对非 FDI 存量的 25%。其四，项目分布较为集中，投资风险集中。根据中国矿业联合会发布的数据，2011 年开始推进的中国对非矿业投资大项目数上升，重点推进的 7 个大项目投资额均超过 1 亿美元；2012 年中铝西芒杜项目、中广核胡萨布（Husab）项目等的交割也将明显推高中国对非矿业投资存量。

（二）中非矿业合作的经验

中国同安哥拉、苏丹、赞比亚等国的矿业合作曾受到广泛关注，学界也有将其称为"模式"。总体上，中国同这些国家的开发合作是基于东道国依托资源项目但又不限于资源开发的项目合作。其最大特点是，中国公司通过资源项目为东道国提供项目融资，大力推动上下游产业链延伸并且积极参与相关的基础设施建设，其核心是着眼于提高东道国的自主发展能力并实现合作共赢。与这些国家的合作，契合了非洲的国家的"资源走廊""空间走廊""发展走廊"规划，也极大地提升了相关国家的经济发展能力。但是，作为对非洲产能合作的新参与方，在现有国际格局下，中国企业同相关国家的产能合作所面临的挑战也是明显的，其经验在深化对非合作中值得借鉴。

1. 安哥拉合作模式经验

其一，中国直接参与安哥拉石油生产的规模较小，但安哥拉已成为重要的石油进口地。安哥拉33个离岸油田的开发业务的参与者主要是西方石油公司，包括BP、AP Moller – Maersk、加拿大自然资源公司（Canadian Natural Resources）、埃克森美孚等。而中国在该国的石油开发区块数量较少，其中包括：中石化拥有离岸油田18/06区块的40%股份；中石化与安哥拉石油公司（Sonangol）成立的合资公司（Sonangol–Sinopec International, SSI）拥有离岸油田 15/06 区块的20% 股权、拥有离岸油田 18 区块的 50% 股权、拥有离岸油田 17/06 区块的 27.5% 股权；中海油、中石化持有离岸油田 32 区块 20% 的股权。但在年度数据中，安哥拉近年来一度是中国前三大石油进口来源国。

其二，投资周期长、利率较低的大量基础设施贷款增加了中国的主权债务风险。除石油开发外，中国近年来参与安哥拉经济主要是通过优惠贷款下的建设项目。通过贷款支持安哥拉重建项目来获取安哥拉政府支持中国参与该国的石油开发，是近年来中国在安哥拉所做的主要工作。由于贷款主要是优惠贷款，即低息和长周期，这在促进该国经济快速增长和基础设施较快改善发挥了非常重要作用的同时，也增加了中国的债权风险。

其三，发展不平衡和收入差距扩大是影响该国社会稳定的重要潜在因素。一方面，增长陷阱存在。近年来包括石油在内的资源开发使安哥拉一部分人迅速致富，而大多数人无缘与此，民众贫富差距不断加大，不满情绪日益增加。另一方面，快速城市化问题带来风险。安哥拉人口快速增长，已经接近 1900 万人，其中 1/3 的人口生活在安哥拉首都卢安达。快速的城市化与落后的城市公共服务，将给安哥拉的社会稳定发展带来较大的挑战。

其四，以石油为目的的合作带来的负面问题较多。一方面，由于进口石油，中国对安哥拉贸易结构问题突出。以 2011 年为例，中安贸易总额 277 亿美元，其中中国进口额占 249.2 亿美元。这被不明真相的当地人及别有用心的西方国家称为中国同安哥拉的合作是赤裸裸的"石油目的"。同时，安哥拉是中国的第二大石油来源地，凸显中国的进口途径单一，能源安全保障能力较弱。另一方面，发展不平衡使当地民众对中国参与安哥拉经济建设的不满增加。由于中国广泛参与该国的基础设施建设，大量相关人员进入安哥拉相关行业，包括建筑业、服务业、小型私营矿业等，给当地民众的就业带来了冲击。加之个别中国企业善于钻当地法律不健全、执法不严的空子，包括不注重工程质量、对当地雇员待遇差等，破坏了中国政府致力打造的"互利共赢"合作，损害了中国形象，也招致当地民众对中国人的不满。

其五，安哥拉经济对外依赖性较强，对外风险防范能力较弱，直接影响宏观经济的稳定。安哥拉国内的稳定，首先取决于国内经济形势。而安哥拉能源、矿业经济所占比重较高，导致国民经济形势同国际油价和钻石价格紧密联系。这种脆弱的经济结构使国民经济抵御外部风险的能力较弱，在国际石油价格波动突出时，直接影响到了安哥拉财政收支问题，进而影响中安合作。

2. 苏丹合作模式经验

从 1995 年中国石油公司应苏丹政府的邀请到苏丹参与石油工业建设以来，中国同苏丹的合作共赢树立了中国南南合作互利共赢的典范，在带动当地经济发展的同时保障了中国的资源进口。作为有重大利益的参与方，苏丹国内动荡及南北苏丹问题为中国参与国际事务、发挥大国影响提供了机会。但是，由于地区事务的敏感性，中国也成为西方国际舆论和西方大国的关注重点，由此产生了一系列问题。具体包括以下几个方面。

其一，突发事件导致供油中断，直接影响中国能源安全。中国多个国际能源供应地存在政局不稳或同西方国家关系紧张的问题，如委内瑞拉、伊朗、伊拉克等国。随着中国能源进口需求的加大及对外依赖度的不断增强，这些国家的稳定将直接影响中国的能源安全。苏丹仍面临复杂的国内形势及不稳定的周边环境。2012 年苏丹石油停止输出后，中国的能源缺口效应则很快显现，为此不得不加大对其他地区的能源进口。临时出现的供应缺口也直接拉升了进口油价上涨。

其二，中国面对来自以美国为首的西方大国的竞争及排挤压力。一方面，受国际政治关系影响，苏丹长期处于美国的制裁下。而按照西方人权、多党民主政治标准，中国参与石油资源开发被曲解为支持独裁政府。另一方面，西方国家还以"人权"为由，鼓动并支持苏丹的反政府组织，打"资源民族主义"牌排挤中国同苏丹政府的资源开发合作，包括中国在达尔富尔问题上的态度，其间还发生了多起反政府武装绑架中国在苏丹石油项目施工人员的事件。

其三，来自苏丹的压力。苏丹国内的发展不平衡仍将长期存在。这给苏丹政府持续深化同中国的合作关系带来了较大的挑战。目前，苏丹境内仍存在多个反政府武装，包括苏丹人民解放运动北方局（分布在苏丹南科尔多凡州和青尼罗河州的前南苏丹解放军）和西部的达尔富尔叛军等。活动在南北苏丹分界线（产油区）附近的北方局军事成员一度得到南苏丹的支持。

3. 赞比亚合作模式经验

其一，收购危机中的谦比希矿业确立了合作共赢典范。谦比希铜矿位于赞比亚铜带省。1987 年，受经营困难影响，铜矿关闭，只剩下了基本的维护工作。在此后长达 11 年的荒废期内，整个矿山开发处于停滞状态，矿工们都失去了工作。1998 年，中国有色矿业集团成功收购谦比希铜矿 85% 的股权并开始复建谦比希铜矿。1998 年中国的外汇储备仅 3.8 亿美元，当时以 8000 万美元收购已停产的谦比希铜矿，援助意义大

于经济动机。① 中方以技术、设备和资金入股，占
85%的股权，赞方以资源入股，占15%的股权。2003
年铜矿正式投产，成立了中色非洲矿业公司负责运营。
2005年企业实现盈利，企业的重建和恢复生产重新带
动了当地的就业和经济。谦比希铜矿包括主矿、西矿
和东南矿，资源量含铜451万吨、钴16.2万吨，是我
国在境外建成的第一座也是迄今为止最大的一座有色
金属矿山，被称为"中非合作的标志性项目"。

其二，以谦比希铜矿为基础，中色非洲矿业积极
开发相关配套产业，延伸产业链条，提升产业竞争力，
并逐步建成了贯通采选冶上下游产业链的企业集群。
为综合利用谦比希铜矿的尾矿资源和基础设施，延伸
产业链，中国有色集团联合国内企业兴建了成本低廉、
经济效益良好的谦比希湿法冶炼公司。其主要资产包
括谦比希湿法冶炼厂、姆瓦巴希项目、卡科索项目、
刚果中色华鑫利卡西湿法冶炼厂和马本德项目。与西
方国际矿业公司大多集中于利润最为丰厚的上游矿石
开采加工领域、对于利润微薄的冶炼加工环节甚少染
指不同，中国有色集团和中铝公司所属的云铜集团合
资成立了谦比希铜冶炼公司，其主要资产是谦比希15

---

① 《中色赞比亚罢工事件》，《新世纪》周刊，2011年11月7日，
http：//news. ifeng. com/shendu/xsjzk/detail_2011_11/07/10473762_0.
shtml。

万吨铜冶炼厂。该厂是赞比亚三大冶炼厂之一,也是我国在海外唯一的大型火法铜冶炼厂,可以将铜产品附加值留在赞比亚,帮助提升当地铜工业技术和装备水平,树立中国企业互利共赢的形象。参建队伍克服工期紧、运输路线长、材料匮乏以及文化差异等诸多困难,创造了中国有色金属工业"走出去"的奇迹。目前,谦比希铜冶炼厂正在进行二期扩建,建成后将年产粗铜25万吨、硫酸56万吨,成为赞比亚最强的铜冶炼厂。

其三,金融危机期间收购卢安夏公司从而带动矿业城市恢复活力。很多国家矿业产区是带动当地城市化的主要力量。这种情况在赞比亚也同样存在。卢安夏是赞比亚的一座老矿区。由于受国际金融危机影响,国际有色金属价格大幅下降。赞比亚卢安夏铜业公司于2008年年底全面停产,原控股股东荷兰恩雅控股公司决定退出公司管理与经营。赞比亚政府宣布采取国际招标的方式,寻求新的战略投资者。2009年4月,中色集团向赞比亚政府递交了对卢安夏铜业公司股权收购、复产、复建的一揽子收购方案,最终从4家投标者中胜出。据《上海证券报》2009年10月15日报道,中国有色矿业集团2009年10月14日在京宣布,集团5000万美元收购赞比亚卢安夏铜业公司股权获得国家审批,完成了中赞两国政府的所有审批手续,正式入主赞比亚卢安夏铜业公司。之后该公司将更名为"中色卢安夏铜业有限公司",中色集团拥有其无债权债务的80%股权,另外20%的股权为赞比亚铜业公司拥有。卢安夏铜业公司位于赞比亚铜带省卢安夏市,保有地质资源量含铜金属257万吨,含钴金属10万吨,公司的主要资产包括卢安夏铜矿、巴鲁巴铜矿、姆力亚希铜矿等。收购后,中色非洲矿业公司对巴鲁巴矿的选矿和提升系统进行了改造,并对姆力亚希项目开展了大规模建设。

中国同赞比亚矿业合作模式积累了经验,也面临挑战。

其一,多党政治直接影响对非矿业合作的经营环境。2011年当选的赞比亚总统萨塔曾在之前的竞选中多次用激烈的言辞攻击赞比亚政府同中国在赞比亚矿业领域的合作;批评赞比亚当局任由中国企业攫取矿产,欺压矿工,不顾安全,造成大量伤亡事故。他的主要竞选口号之一就是:"中国人滚回去。"但萨塔当选后,在其就职演说中表示,赞比亚政府将继续与外国投资者合作并欢迎更多公司投资该国矿业。同时,他强调投资者要严格遵守赞比亚的劳工法。2011年10月29日,萨塔总统还专门在总统府举办了在赞中资企业和华人华侨的午餐会。其间,萨塔表示,赞方将很快派开国总统卡翁达作为赞特使访华,向中国政府和人民转达赞人民的问候和谢意，以进一步推进两国关系发展。由此可见，"排华"已经成为多党竞选的政治议题。

其二，严格遵守当地劳工法，保障当地劳工的合法权益也是维护企业自身发展的需要。中国在赞比亚矿业投资企业的罢工事件充分体现出尊重当地劳工法和保障劳工合法权益的重要性。近年来，发生在中资企业中的以下事件较为突出。事件一：2010 年 10 月 15 日，赞比亚南部省锡纳宗圭的中资科兰煤矿的资方与当地工人发生劳资纠纷，中方管理人员曾在冲突中误伤数名赞比亚工人，后来该案移交法院审理。2012 年 8 月，当地工人抗议该煤矿延迟执行新的最低工资标准，引发劳资冲突并导致骚乱。冲突中 1 名中方经理死亡，2 人负伤，部分财物设备遭抢受损。事件二：2008 年 1 月，中国投资的赞比亚谦比希炼铜厂 500 多名工人举行无限期罢工以抗议偏低的工资和恶劣的工作条件，引发国际关注。一方面，2007 年国际铜价格大幅上涨。当地员工认为企业生产有着有较大的收益，因此要求提高待遇。尽管中国投资企业前期投入及在建项目耗资巨大，但工人的待遇应该随市场变化给予体现。因为当地矿业工人更多关注当下的收入，而非企业的投资和收益比。另一方面，在当地法律环境下，工会代表工人同资方谈判甚至罢工，是寻求合法权益的一种体现。对此，中国的企业需要适应。

第五章　"一带一路"与中非基础设施合作

一　非洲基础设施发展的重要性及发展纲要

基础设施改善是非洲实现千年发展目标的重要内容。该领域的滞后不仅意味着大量非洲人口的生活条件恶劣，还严重影响了行业投资环境。"非洲基础设施发展计划"是非洲提出的利用自身条件并试图通过市场手段促进基础设施发展的重要规划。

（一）"非洲基础设施发展计划"

基础设施建设不仅关乎非洲的基本发展目标，还关乎改善市场投资条件的重要内容。而跨国跨区域基础设施更是解决非洲单一市场狭小及单一国家资源制约因素的重要内容。根据非洲开发银行 2010 年报告的数据，非洲道路连通率仅为 34%，仅有 30% 的非洲人口能使用到电力，互联网使用率为 6%，世界其他发展中国家的这组数据分别为 50%、70%—90%、40%。世界银行 2017 年 4 月发布的数据显示，非洲地区每一千人的固定、移动电话订阅数的中值从 1990 年的 3 个大幅上升到 2014 年的 736 个，但与其他发展中地区相比仍是最低的，其中南亚 807 个、中东北非 1323 个、拉丁美洲和加勒比地区 1240 个、东亚太平洋地区 1444 个。互联网用户数据方面，2015 年撒哈拉以南非洲每 100 人中的互联网用户中值数仅为 16.7，每 100 人的固定宽带用户中值数仅为 0.19，也远远落后于其他发展中地区。在电力领域，截至 2012 年的近 20 年里，撒哈拉以南非洲的发电能力基本没有发生变化，平均每 1000 人 0.04 兆瓦（MW）的发电量不及南亚（0.15）的 1/3，也不到拉美和加勒比地区（2.3）的 1/10。2015 年，77%（中值）的人口能够获得安全的水，比 1990 年的 51%（中值）有大幅提高。相比之下，其他发展中地区在 2015 年均超过 90%。巨大的基础设施缺口，使得在"非洲基础设施发展计划"下 2011—2040 年的投资需要 3600 亿美元。这种规模的投资依靠政府援助是难以实现的，因此，开展包括政府间、政府与私营企业、社会资本多途径合作并吸引资金参与是必要的。①

非盟成立以来一贯重视强调发展相关基础设施的重要性，并大力推动非洲在该领域的对外合作，由此形成了体系庞大的建设计划——"非洲发展新伙伴计划"下的"非洲基础设施发展计划"（Programme for Infrastructure Development in Africa，PIDA）。2001 年，非统首脑会议通过的"非洲发展新伙伴计划"中确定了以消除贫困和实现可持续发展为目标，以基础设施建设、人力资源开发、农业生产、环境保护和科技发展为重点发展领域的长期战略。之后，围绕该目标，非盟及相关区域组织提出了多个项目规划。2002 年，在"非洲发展新伙伴计划"下形成了旨在促进基础设施建设的"基础设施短期行动计划"（Short Term Action Plan，STAP）。2005 年非盟委员会提出了旨在落实基础设施发展的大陆政策倡议（Master Plans and Continental Policies Initiative，AUC），2006 年"非洲发展新伙伴计划基础设施中长期战略框架"（Medium to Long Term Strategic Framework，MLTSF）启动。2009 年 2 月非盟以"非洲基础设施建设"为主题的第十二届首脑会议上，非洲国家领导人在重点讨论了非洲交通和能源领域基础设施建设及国际金融危机对非洲发展的影响的基础上，

_____

① 《非洲基础设施有多差？中资贡献有多大？》，2018 年 4 月 15 日，http://finance.ifeng.com/a/20180415/16089823_0.shtml。

采纳了关于要求非盟委员会着手制定"非洲基础设施发展规划"的议案。2010 年 7 月在乌干达首都坎帕拉举行的第十五届非盟首脑会议上,"非洲基础设施发展规划"制定(PIDA)正式启动。之后,非盟委员会、NEPAD 规划与协调署、非洲开发银行等机构共同努力,整合了非洲 21 世纪以来已经开始的 NEPAD 短期行动计划、NEPAD 中长期计划及非盟基础设施国别行动计划(Infrastructure Master Plans)关于基础设施领域的开发项目,形成了非洲关于 2012—2040 年的基础设施领域的综合性长期发展战略。2012 年 1 月的第十八届非盟首脑会议围绕"促进非洲内部贸易"的主题再次强调了促进区内贸易、加快一体化建设并带动经济发展,强调了开展跨区域基础设施建设的重要性,并正式出台了"非洲基础设施发展规划"。该规划确定了未来该地区基础设施发展的框架和融资规划,主要涉及能源、交通、信息通信和跨境水资源等领域,投资总额预计 3600 亿美元。并据此制订了"非洲基础设施发展计划优先实施计划"(The PIDA Priority Action Plan,PIDA‐PAP),确定了到 2020 年优先发展 51 个项目(涵盖涉及能源、交通、水资源、通信信息部门的 433 个子项目),投资金额约 680 亿美元。其中,对能源领域的项目投资约 403 亿美元,约占"优先实施计划"(PAP)的 60%;其次是交通基础设施,约 254 亿

美元，占比 37%；水基础设施 17 亿美元，约占
2.5%；信息通信约 5 亿美元，占比不到 1%。按照地
区划分，东非地区 233 亿美元，中部非洲 215 亿美元，
南部非洲地区 126 亿美元，西部非洲 62 亿美元，北部
非洲 13 亿美元，大陆其他地区投资 30 亿美元。①

（二）"非洲基础设施发展计划"主要项目

1. 能源基础设施

2008 年 2 月，非盟在阿尔及利亚召开的非盟能源
部长会议上成立了"非洲能源委员会"。非洲能源委
员会总部设在阿尔及利亚，主要职责是协调非盟各国
的能源政策，提高成员间政策信息的共享能力。目前，
对跨国跨区域能源基础设施建设推动的合作机制主要
是各区域电力联营体，其中包括马格里布电力委员会
（Maghreb Electricity Committee，COMELEC）、南部非洲
电力联营体（Southern African Power Pool，SAPP）、西
非电力联营体（West Africa Power Pool，WAPP）、中部
非洲电力联营体（Central Africa Power Pool，CAPP）、
东部非洲电力联营体（EAPP）等。2011 年 9 月在南
非召开的非洲能源部长会议上，与会的非洲能源部长

① PIDA, *The Programme for Infrastructure Development in Africa*：
Transforming Africa through Modern Infrastructure，https：//www. afdb. org/
fileadmin/uploads/afdb/Documents/Generic – Documents/PIDA% 20brief% 20
closing% 20gap. pdf.

们认为，目前中部非洲、东部非洲、南部非洲、西部非洲四个区域性电力联营组织（Power Pool）在实现区域内电力互补和供应多元化方面开始发挥作用。

　　能源设施建设主要包括两部分。一部分为原有电源、电网的改造；另一部分是建设新的跨国跨区域电力基础设施。主要改造项目包括"地中海东南电网改造工程"和"撒哈拉以南非洲电网改造工程"。主要开发项目包括"南部非洲电网联网工程"、西部非洲电网计划、西非"海岸传输骨干网"（Coastal Transmission Backbone Project，CTB）、马格里布电力委员会成员国的电网联通及建造同欧洲相连的南部地中海电力环网、西北非天然气项目等。

　　能源开发强调获得稳定而经济实惠的电力供应，服务对象首先是居民用电。这是各区域电力联营体对能源开发的首要考虑，也是各国对能源开发和利用关注的重点。非洲各国共同认识到当前能源短缺是严重制约非洲社会经济发展的重要因素，解决能源不足对非洲的发展至关重要。目前非洲只有42%的人口能够用上现代化的电力，在撒哈拉以南非洲这一比例仅为31%，如果不包括南非，这一比例更降至28%。这是全世界最低的电力普及率，意味着在撒哈拉以南非洲有5.85亿人至今不能获得基本的电力服务。即使在有电力供应的地区，拉闸限电的情况也时有发生。全非洲目前的发电能力在 124 吉瓦（1 吉瓦等于 100 万千瓦）左右，其中撒哈拉以南非洲（不包括南非）的总发电能力仅为 30 吉瓦，仅相当于挪威一国的发电能力。而随着非洲经济发展、人口增长和城镇化加快，对电力的需求必然要大幅增长。

能源开发重视清洁能源。非洲大陆是最易受气候变化冲击的地区之一，非洲国家普遍缺乏应对气候变化的能力。非洲国家重视气候问题，强调减少温室气体排放是各国都必须承担的责任，能源部门应当发挥主要作用。非洲国家要实现千年发展目标，不仅要建立可持续的、多元化的能源供应体系，还要能够应对气候变化的冲击，为全球温室气体减排做出贡献。2011 年 9 月在南非召开的非洲能源部长会议上，就未来解决非洲电力进一步达成的共识中，强调了未来发展水电的重要性，指出建设大型发电项目是有效降低发电成本、增强发电能力的最好途径之一，并列出了近期重点推进的地区项目，分别是：（1）中非地区：刚果（金）的因伽水电项目三期（INGA3）及向西、向南的输电线建设。（2）西非地区：几内亚索阿佩提（Souapiti）水电站及连接科特迪瓦、利比里亚、塞拉利昂的输电线路；塞拉利昂叶本（Yeben）水电站；利比里亚芒特咖啡（Mount Coffee）水电站。（3）南部非洲：莫桑比克姆潘达—恩库瓦（Mpanda Nkuwa）水电站和跨国输电线路、莱索托高地水电站、赞比亚卡夫（Kafue）峡谷水电站、纳米比亚库都（Kudu）天然气项目。（4）东部非洲：肯尼亚东非大裂谷地热开发、乌干达卡鲁马（Karuma）水电站、坦桑尼亚拉胡迪（Ruhudji）水电站、埃塞俄比亚—肯尼亚输电线路、肯尼亚—坦桑尼亚—赞比亚输电网。[①] 在北非，2010 年 6 月在阿尔及尔举行的首届阿拉伯马格里布联盟—欧盟能源部长级会议上，就达成了一项关于共同开发阿尔及利亚、突尼斯和摩洛哥三国电能和可再生能源的 2010—2015 年计划，决定逐步推进北非三国电力行业与欧洲市场的融合，并呼吁利比亚和毛里塔尼亚加入这一计划。

2. 交通基础设施

（1）泛非公路网规划（Trans Africa Highway, TAH）。2010 年 10 月，在南非召开的第二届 NEPAD 基础设施峰会上，南非总统祖马详细介绍了泛非公路网规划。该规划设计公路里程 56683 公里，拟由非盟、非经委、非洲开发银行和各地区协会组织共同开发。

该公路网包括三纵六横共 9 条跨国公路。三纵分别是：TAH2，从阿尔及利亚首都阿尔及尔经尼日尔至

---

① 《潜力 + 财力 + 合力 = 电力　非洲能源部长会议描绘非洲能源发展前景》，2011 年 9 月 23 日，http://www.stdaily.com/kjrb/content/2011 – 09/23/content_ 351043. htm。

尼日利亚的拉各斯，全长 4504 公里；TAH3，从利比亚首都的黎波里经乍得、中非、刚果（布）、刚果（金）、安哥拉、纳米比亚至南非的开普敦，全长 10808 公里；TAH4，从埃及首都开罗经苏丹、埃塞俄比亚、肯尼亚、坦桑尼亚、赞比亚、津巴布韦、博茨瓦纳至南非的开普敦，全长 10228 公里。六横指：TAH1，从塞内加尔首都达喀尔沿西海岸北上，经毛里塔尼亚、西撒哈拉、摩洛哥、阿尔及利亚、突尼斯、利比亚至埃及首都开罗，全长 8636 公里；TAH5，从塞内加尔首都达喀尔经马里、布基纳法索、尼日尔、尼日利亚至乍得首都恩贾梅纳，全长 4496 公里；TAH6，从乍得首都恩贾梅纳经苏丹、埃塞俄比亚至吉布提首都吉布提，全长 4219 公里；TAH7，从塞内加尔首都达喀尔沿西海岸南下，经冈比亚、几内亚、塞拉利昂、利比里亚、科特迪瓦、加纳、多哥、贝宁至尼日利亚的拉各斯，全长 4010 公里；TAH8，从尼日利亚的拉各斯经喀麦隆、中非、刚果（金）、乌干达至肯尼亚的蒙巴萨，全长 6258 公里；TAH9，从安哥拉西部港口城市洛比托经赞比亚、刚果（金）、津巴布韦至莫桑比克东部港口城市贝拉，全长 3523 公里。泛非公路网拟以各国现有的公路为基础，将尚未连通的区域连接起来，其中三纵和六横中的 TAH5、TAH6

共 5 条线路是计划中的重点线路。①

（2）南北交通走廊计划（the North South Corridor Rail and Road Projects，NSC）。南北交通走廊计划是东南非共同市场、南部非洲发展共同体和东非共同体于2011 年联合提出的，该计划分为铁路网和公路网两部分。铁路网将在现有铁路基础上形成两纵四横的铁路网，将资源富集地区、主要经济中心、重要港口连接起来。两纵指达累斯萨拉姆走廊和南北走廊。达累斯萨拉姆走廊北起达累斯萨拉姆，向南经赞比亚、刚果（金）、津巴布韦、博茨瓦纳，至南非港口城市德班。南北走廊北起坦桑尼亚姆贝亚，向南经马拉维、莫桑比克、津巴布韦，至德班。与两纵相交的四横包括卢萨卡—利隆圭线、卢萨卡—哈拉雷线、布拉瓦约—奎鲁线、马哈拉佩—彼得斯堡线。公路网则计划在现有公路网的基础上形成两纵三横的网状布局。两纵包括达累斯萨拉姆—卢萨卡—布拉瓦约—哈博罗内—比勒陀利亚—约翰内斯堡—德班，以及姆贝亚—姆祖祖—姆万扎—利隆圭—哈拉雷—马斯温戈—比勒陀利亚—约翰内斯堡—德班。三横为卢萨卡—利隆圭、卢萨卡—哈拉雷、弗朗西斯敦—马斯温戈。

（3）达喀尔—恩贾梅纳—吉布提铁路公路项目

---

① 驻南非经商参处：《泛非公路网规划》，2010 年 10 月 20 日，http：//www. mofcom. gov. cn/aarticle/i/jyjl/k/201010/20101007197657. html。

（Dakar – Ndjamena – Djibouti Road/Rail）。达喀尔—恩贾梅纳—吉布提铁路项目是横跨大陆铁路网规划（The Trans – continental Railway Project）中的一条里程最长、造价最高的跨国铁路，并计划向南延伸到加蓬首都利伯维尔，而达喀尔—巴马科铁路干线改造工程则是达喀尔—恩贾梅纳—吉布提铁路项目中的一段。达喀尔—恩贾梅纳—吉布提公路项目是泛非公路网规划中的两条跨国公路，即 TAH5 和 TAH6。泛非公路网规划由联合国非洲经济委员会（UNECA）、非洲开发银行（ADB）、非盟（AU）和各个区域性组织共同开发，该规划设计公路总长 56683 公里，包括"三纵六横"共 9 条跨国公路。泛非公路网将以各国现有的公路为基础，重点是现在尚未连通的区域。

（4）东非铁路网计划（East African Railway Master Plan）。东非共同体 5 国以及埃塞俄比亚、苏丹于 2010 年出台一项计划，拟用 12 年时间在该地区新建十余条铁路，以形成覆盖东非大部分国家的现代铁路网。按照规划，坦桑尼亚将承担最多的建设项目，将新建 8 条线路，建成之后将坦桑尼亚与肯尼亚、乌干达和卢旺达连接起来。乌干达将新建 4 条线路，建成之后把国内主要经济区连接起来。肯尼亚将新建 2 条线路，一条通往埃塞俄比亚首都亚的斯亚贝巴和南苏丹首都朱巴，另一条与现有的蒙巴萨至坎帕拉铁路平行。

3. 信息通信基础设施建设

2003 年 3 月，"非洲发展新伙伴计划"批准了信息和通信技术基础设施计划。该计划旨在通过光缆，在所有非洲国家之间建立网络连接，并使非洲各国通过海底光缆与世界其他地方相连，从而最终帮助非洲跨越"数字鸿沟"。近年来，非洲建成或在建的主要电信光缆项目包括东非海底光缆系统（TEAMS）、东南非洲海底光缆系统（SEACOM）、GLO－1 海底通信光缆系统、东部非洲海底通信系统（EASSy）、MainOne 海底光缆系统、西非海岸至欧洲光缆系统（ACE）、西部非洲海底光缆系统（WACS）。

4. 水资源开发基础设施

2002 年，非洲国家在尼日利亚阿布贾成立了非洲水资源部长理事会（AMCOW），成员由全非洲主管水资源的部长组成。其目标是促进成员国间的合作、安全、社会和经济发展以及减贫，有效管理非洲大陆的水资源以及提供水资源供应服务。水资源部长理事会成立以来所关注的项目主要包括"非洲水设施计划"（African Water Facility）、"桑行动计划"（AfricaSan）、"水、气候和发展计划"（Water，Climate and Development，WACDEP）。

二 非洲基础设施开发能力及国际合作趋势

非洲基础设施开发不足很大程度上同资金、技术匮乏相关。但国际社会对非洲发展及市场开发的关注正为非洲基础设施发展能力不足带来新的动力。非洲基础设施建设的推动不仅需要政府加大投入，还需要通过市场手段解决。

（一）非洲基础设施开发能力

坐拥资源，缺少开发能力。以能源为例，非洲迫切需要解决居民用电问题。以资源丰富，特别是跨境河流众多的西部非洲为例：西部非洲多数国家的水力、能源资源丰富，也是非盟确立的未来重点发展水利电力的地区。但丰富的水资源转化为电力能源的能力仍严重不足，如重要产油国尼日利亚，尽管它的石油、天然气、水、煤炭资源丰富，但电力短缺严重。而西非拥有丰富水资源的加纳、塞拉利昂、利比里亚、喀麦隆等国，也都电力短缺严重。

资金严重不足，基础设施建设主要通过政府对外借贷和市场化手段解决。非洲国家普遍经济规模较小，其中33国属于最不发达国家，财政收支能力弱，国内迫切需要的基础设施建设都难以通过财政解决，而主要依靠对外借贷或市场化手段解决。"非洲发展新伙伴计划"在促进非洲国家能源开发的主要举措仍是希望非洲国家加大改革力度，通过私有化来吸引外资或吸收私营资本来促进能源投资进而解决能源问题。但很显然，非洲国家在能源领域的私有化进展并不顺利。对于很多非洲国家而言，在能源领域的改革是很谨慎的。在市场手段不足的情况下，政府对基础设施建设的投入则主要依靠主权负债推动。

技术水平很低，项目执行能力主要依靠国外公司。主要包括以下几个方面：（1）工程项目设计能力不足。（2）项目施工技术能力不足。（3）项目后期运营及管理能力不足。以通信业为例，目前非洲在信息和通信技术方面几乎是一个完全依赖进口的消费市场，计算机科学与技术方面的学科分散，研发能力薄弱。

（二）非洲基础设施开发的国际合作趋势

不同于20世纪六七十年代非洲国家兴建基础设施主要动力来自东道国国家层面，当前非洲跨国跨区域基础设施建设动力既有内生性需求，也有外部拉动和推动。主要包括以下几个方面。

第一，来自国际社会对非洲发展的关注。随着千年发展目标的提出，关注非洲发展及利用跨国跨区域基础设施建设解决非洲的发展瓶颈成为国际组织的关注点。改善基础设施，提高水、电、通信、道路等基础服务是实现联合国千年发展目标的重要内容。包括联合国在内的国际机构对于非洲独立承担跨境跨区域基础建设能力严重不足有着清醒的认识，呼吁发达国家重视对非洲在该领域的援助以促进发展，呼吁新兴市场国家通过市场手段增加在该领域的投资，以缩小非洲日益同其他地区发展的差距。这种不遗余力地在国际各相关场合的呼声增加了国际社会对非洲跨国跨区域基础设施建设的关注，甚至很多发达国家的非政府组织也积极参与其中。而国家层面关注非洲跨国跨区域基础设施建设具有道义外交的一面。

第二，新兴市场国家的资本国际转移和市场需求。当前，新兴市场国家出于开发资源和市场的需要，不得不考虑改善非洲的跨境跨区域基础设施建设。一方面，基础设施落后直接影响了投资条件。在很多非洲国家，矿产资源所在地交通条件落后、电力短缺、供水缺乏，直接影响了项目的开展。另一方面，受基础设施落后影响，商业成本增加，市场狭小，制约性较强。为此，外部经济体关注非洲跨国跨区域基础设施建设有谋求现实经济利益的一面。而中国"走出去"战略和利用两个市场的发展定位为非洲基础设施建设提供了空前机遇。南非标准银行的统计报告称，非洲基础设施建设 2/3 的资金来自中国。多年来中国向非洲国家提供无息贷款、优惠贷款、优惠出口买方信贷、商业贷款等各类资金，用于支持非洲国家的基础设施建设。中国企业在电力、通信、交通、能源等各领域建设了大批有影响的项目。

第三，非洲区域一体化组织和行业组织的推动力。（1）基于对一体化促进经济社会发展的重要认识。20 世纪后期以来，非洲各区域组织发展迅速，成为推动基础设施建设的关键因素。为促进其发展，2010 年 10 月在南非召开的第二届"非洲发展新伙伴计划"基础设施峰会上，确立了四个议题，分别是：交通网络，市场经济运行必不可少的基础；能源，非洲的巨大产业；水利，经济发展的先决条件；信息技术，经济增长的动力。其中，交通基础设施的讨论重点是公路、铁路、海洋和航空运输等方面。2012 年非盟第十八届首脑会议通过《非洲基础设施发展计划》，确定了多个跨国跨地区基础设施重点建设项目，重点是加快铁路连通和港口运力建设，以突破制约内部贸易发展的交通瓶颈。（2）行业组织也积极促进相关行业的发展。以西共体内的电力联营组织 WAPP 为例，1999 年 12 月，西共体各国声明，准备将其电力并网，组成松散的电力联营系统，不设中央调度或控制中心。2000 年 9 月，在多哥首都洛美，西共体各国的能源部长签署了谅解备忘录,确定了在开发 WAPP 中各国应承担的相互债务责任。具体的责任包括支持实施优先的互联工程(包括最终连接整个西非地区输电网的线路权和担保权),并允许输电系统操作人员为便于地区内电力贸易而制定和实施各种策略和方案。2003 年年初,西非各国能源部长会议正式签署了西共体能源协议,同意建立一个一旦缺电时通知各成员国采取预防措施的信息和通信系统。签署该协议的目的是为能源部门的长期合作建立一个法律框架,以增进西非地区的投资和贸易。各成员国与西共体秘书处共同工作,就机构设置、规章制度和其他有关电力联营系统的结构性问题做出重大决策。非洲开发银行提供了 1568.8 万美元信贷,用于尼日利亚和贝宁之间长 70 公里的 330 千伏输电网络的建设。尼日利亚至贝宁输电线是 NEPAD 短期行动计划的重点工程之一,是扩建尼日利亚—贝宁—多哥—加纳互联工程的一期工程。

第四,来自主权国家的共识和推动力。尽管在具体项目上存在各自的利益考虑,导致相关项目可执行度较差,但从形式上看,各主权国家对于促进跨国跨区域基础设施的建设是基本认同的。这主要基于以下几个方面。(1)改善投资环境的需要。良好的基础设施是企业投资和经营的基础和保障。要吸引外资进入,非洲国家必须通过基础设施建设改善投资环境。(2)增加就业的需要。受经济特征的影响，多数非洲国家存在严重就业不足的问题。即使是南非这样的非洲工业化程度最高的国家，其国内失业率也长期保持在20%以上。而基础设施的建设会增加大量的就业，因此备受非洲国家政府的重视。（3）民众基本生活的需要。水、电、路、通信等基础设施是改善民众生活条件的基础，而由于开发这些项目的资源存在地区差异，如水资源分布、电源开发地点等存在网线接入、道路连接等跨境问题，要实现基础设施的改善，必须要实现跨国跨区域的合作。

第五，当地企业发展的需要。长期以来，受多种因素制约，非洲多数国家存在基础设施滞后与基础设施使用不足的矛盾。对于政府负责运营的基础设施行业，由于用户不足，企业经营难以为继。以电力为例，由于多数非洲国家本国工业滞后，大能耗单位缺乏，而不得不将电力出口作为创汇的重要来源。如莫桑比克本身在生活用电不足的情况下长期向南非出口输送电力。为促进本国相关行业的发展，近年来非洲国家相关基础设施行业的私有化改革提上日程。在尼日利亚，由于技术、商业和电力输配等综合因素而造成的损失，使得政府不得不将电力企业私有化。2011年9月20日，尼日利亚公共企业管理局表示，尼日利亚联邦政府决定把尼日利亚电力股份公司下属70%的电力配送公司转让给具备投资实力的购买者。尼日利亚准备与欧洲合作来发展本国的电力基础设施,而电力基础设施是尼日利亚经济改革的出发点。此外,一些非洲国家看到基础设施建设将带来的商机,将行业发展作为国家产业战略来抓,积极促进跨境基础设施的开发。如在通信行业,一些非洲的电信集团,像肯尼亚数据网络(KDN)以及肯尼亚电信这些公司也都在资助光纤电缆的建设项目,如东非海事系统(TEAMS)、SEACOM海底光缆以及东非海底光缆系统(EASSy)。肯尼亚的信息产业战略不仅是为了本行业的发展,政府更关注的是通过信息产业带动其他相关领域共同成长,并以此解决本国的就业问题、推行减贫计划,为整体经济的发展奠定坚实的基础。因此,促进跨国跨区域基础设施建设,将是相关国家基础设施行业发展的出路,也是推动非洲跨国跨区域基础设施建设的动力之一。

三　中国参与非洲基础设施合作

中国认识到基础设施发展不足对非洲发展的制约,并长期积极开展同相关国家在水、电能、路、桥等领域的广泛合作,为改善或修建当地基础设施做出了突出的贡献。跨境基础设施是非洲实现一体化的发展需要,但项目规模较大,且不同国家在不同资源问题上的立场和利益存在分歧，增加了项目实施的难度。由于基础设施投资周期长，影响资金安全的因素也有所增加。

（一）中国参与基础设施合作取得的成就与面临的挑战

1. 中国参与基础设施合作取得的成就

中非合作论坛下的中国高度关注非洲基础设施发展的需要。自 2004 年和 2006 年中非合作论坛第二次和第三次部长级会议，中非双方均同意将基础设施作为合作的重点领域以来，2009 年中非合作论坛第四次部长级会议通过《沙姆沙伊赫行动计划》，首次提出将基础设施"作为中非合作的优先领域"。2012 年中非合作论坛第五次部长级会议通过的《北京宣言》，进一步强调"继续将基础设施作为中非合作的优先领域，加强在交通、通讯、广播电视、水利、电力、能源等基础设施建设领域的合作"。2015 年 1 月，中国与非盟签署一项长达 48 年的基础设施建设合作备忘录，中国将在非洲"2063 年愿景"战略框架内，加强与非洲国家在铁路、公路、区域航空及工业化领域的合作，促进非洲国家一体化进程。2014 年 5 月，李克强总理在访非期间提出，中方将继续把基础设施建设列为对非合作的要务，积极参与非洲公路、铁路、电信、电力等基础设施项目建设，特别是与非方合作打造非洲高速铁路、高速公路和区域航空"三大网络"，支持非洲基础设施建设特别是交通运输先行，促进非洲大陆互联互通和工业化进程。2010 年起，非洲连续5 年成为中国第二大海外工程承包市场。截至 2013 年，中国在非洲累计签订的承包工程合同总额就已接近4000 亿美元。①

中国对非洲基础设施投入成效显著。有报道显示，2011—2016 年，中国平均每年在非洲基础设施领域投资 120 亿美元，是非洲基础设施最大投资来源国。② 来自非洲的报道也表明，中国现在是拉动世界经济的真正火车头。中国在尊重和支持别国、国际法、多边主义、国际组织和机构的运行规则的基础上，一直在向全球表达分享财富的强烈信号。2015 年在约翰内斯堡举行的第六届中非合作论坛峰会上，中国宣布了中非合作计划，目标是推动非洲工业化和农业现代化，计划落实的资金达到 600 亿美元。中国与非洲的贸易 20年里增加了 40 多倍，超过 2000 亿美元。中国在非洲出资修建了 3000 多个关键基础设施项目。而且，有 6

① 郝睿、蒲大可、许蔓：《中国参与非洲基础设施投资和建设研究》，《国际经济合作》2015 年第 11 期。

② 驻塞内加尔使馆经商处：《中国为非洲基础设施建设最大投资国》，2017 年 10 月 20 日，http://www.mofcom.gov.cn/article/i/jyjl/k/201710/201 71002661137.shtml。

个非洲国家是中国牵头的亚洲基础设施投资银行的成员或意向成员。[1] 据美国波士顿大学全球发展政策中心2018年3月发布的报告，仅2017年中国开发银行向全球能源项目发放了256亿美元贷款，其中近1/3（68亿美元）流向了非洲国家，除能源行业外，在非洲基础设施建设的各个领域，中国都发挥着举足轻重的作用。[2]

中国速度助力非洲发展。作为享誉全球的"基建狂魔"，中国高速、高效、高质的基础设施建设不仅让非洲国家感受到了"中国速度"，也给非洲带来了持久的发展动力。有关数据显示，到2017年中国为非洲国家援助和融资修建的铁路、公路均已超过5000公里，还培训了16万多名人才。长约750公里的"亚吉铁路"（埃塞俄比亚首都亚的斯亚贝巴至吉布提首都吉布提）是非洲首条全线采用中国铁路技术标准和中国装备建造的跨国电气化铁路，从融资、设计、施工、装备材料，到通车后的运营，全产业链过程均由中国中铁和中国铁建中土集团两家中国公司负责。该铁路覆盖从零海拔的吉布提到平均海拔超过2500米的埃塞

---

[1] 《非媒：非洲需要共同的中国政策》，2018年5月30日，转引自肯尼亚《星报》5月28日文章，http://oversea.huanqiu.com/article/2018-05/12118125.html。

[2] 《非洲基础设施有多差？中资贡献有多大？》，2018年4月15日，http://finance.ifeng.com/a/20180415/16089823_0.shtml。

高原，设计时速 120 公里，将亚的斯亚贝巴至吉布提的货运时间从原公路运输的 3 天降至 10 小时。在肯尼亚，中国公司承建的"蒙内铁路"（东非最大港口蒙巴萨到肯尼亚首都内罗毕）是肯尼亚半个多世纪以来兴建的最大基建项目，截至 2017 年 3 月，该项目雇员人数近 1.3 万人，其中 1.1 万人为肯尼亚人，占比达 85.1%。在项目建设的 7 年时间里，有超过 3000 名肯尼亚员工成为这条铁路的操作者和运营者。①

2. 中国参与基础设施合作面临的挑战

第一，推动跨国跨区域基础设施建设的非洲区域组织发展落后，协调能力较差。区域一体化不仅需要制度的完善，更重要的是发展程度较高的内部经济联系及合作机制，同时还需要经济能力的充分保障。一体化进程发展最完善的欧盟给非洲国家的一体化机制发展创立了模式。相较于欧盟的一体化发展有强大的行业经济推动力，非盟尽管自成立以来在机制上不断完善，但很显然其发展缺少强有力的推动力和保障力。在区域组织内的活动都需要援助来支持的情况下，在跨国跨区域基础设施建设领域特别是水、路、电领域，其协调能力可见一斑。以西部非洲水资源及能源开发和管理为例，西共体成立以来，一直积极推动区域内

---

① 《中国铁路"走出去"助力非洲换新颜》，2017 年 5 月 1 日，http://finance.people.com.cn/n1/2017/0501/c1004 - 2924 6190.html。

国家的水利资源开发和电力建设，实施和规划了多项区内水利、电力项目。但由于地区内存在着诸如尼日尔河流域组织（ABN）、塞内加尔河开发组织（OM-VS）、冈比亚河流域发展组织（OMVG）、沃尔特河及其流域组织等机构，且不同机构成员国在资源开发与分享方面利益存在差异，一些重大项目推动较慢。如衔接尼日利亚东南部产油区与贝宁、加纳和多哥三国的西非天然气管道项目（West African Gas Pipeline，WAGP），2008 年投产后，就因利益分配及尼日利亚境内非政府武装的多次破坏而中断。

第二，跨境基础设施涉及相关主权国家，利益广泛，存在的权利和责任分配问题复杂。一方面，涉及的项目融资分配问题复杂。这直接牵涉债务分配问题。由于发展的不平衡以及资源的分配不均衡，在负债建设跨国跨区域基础设施建设问题上，必然面临融资结构问题，以及由此带来的利益分配问题。如东非海底光缆系统项目讨论多年，但由于肯尼亚和南非之间在建设资金、所有权和管理等问题上存在分歧而被一再推迟实施。另一方面，涉及的资源分配问题复杂。资源的分布不均衡，一些国家有着较多可利用的资源和可开发条件，而一些国家的条件则较差。因此，尽管当前发展跨国基础设施是各国的迫切共识，但是，在经济基础条件较差、增长潜力存在不确定性的情况下，项目建设在给资源条件较差国家带来机遇的同时，也会因其经济脆弱而财政难以承受长期的负债，最终可能导致区域内国家的矛盾上升。如连接冈比亚与塞内加尔的冈比亚大桥项目和连接赞比亚与博茨瓦纳的卡桑古拉大桥项目，均因政治原因而被拖延数年。在主要河流区域，不同国家对资源的分配并没有形成有关法律协议。非洲开发银行主席卡贝鲁卡曾在非盟第18届首脑会议上表示，非洲国家间缺乏开展合作的政治意愿，是启动和实施跨境基础设施建设项目的主要障碍。[①] 此外，项目牵扯社会问题较多，如土地使用、资源开发等。跨境基础设施建设涉及土地的使用及所有权变更等问题，而在私有权得到法律充分保障的情况下，这些问题的解决，特别是要实现快速解决，几乎不可能。

第三，牵扯边界、跨界民族问题复杂。如肯尼亚建设的光缆，因肯尼亚邻国海盗猖獗，海上光缆铺设中安全问题曾是工程进展的一大障碍。SEACOM 的光缆项目连接东南部非洲与印度、法国两国的大型海底光缆，原定于2009年6月登陆肯尼亚海岸，但由于海盗活动频繁迫使光缆铺设计划发生变化，该光缆将推迟到

---

① 中国驻肯尼亚使馆经商参处：《政治意愿缺乏将影响非跨境项目实施》，2012 年 2 月 14 日，http：/www. mofcom. gov. cn/aarticle/i/jyjl/k/20120。

7 月底登陆肯尼亚。在东非海底光缆系统（EASSy）的项目施工中，据报道，一些在亚丁湾附近海域护航的外国军舰为光缆铺设船提供了保护。非洲开发银行资助的"两刚大桥"的可行性研究项目虽然已于 2011 年 10 月启动，但迄今刚果（金）、刚果（布）对该项目利弊的评估仍存较大分歧。① 刚果（金）担心两国港口间的商业竞争，刚果（布）则担心大桥建成后刚果（金）人口大量涌入刚果（布）。可见，非洲国家在事关本国切身利益的问题上很难求同存异、互谅互让。

第四，跨国水资源利用和管理受制约较多。水资源一体化管理（IWRM）本身属于目前国际社会相关国家、部门或专家研究的前沿问题。从研究情况来看，水资源一体化管理是否值得推广或具有可操作性仍存在较大争议。水资源一体化管理问题始于 20 世纪初。但其实践主要在欧美发达国家，如美国的田纳西流域管理以及英国、法国和新西兰等国对境内水资源的管理。20 世纪 90 年代以来，发达国家早期水资源一体化管理的经验多次被联合国水环境会议及世界水论坛等国际会议提及，并希望可以作为发展中国家解决能源问题的方法。对此，也有较多的反对声音。反对者认

---

① 新华社布拉柴维尔分社：《"两刚大桥"项目各方意见仍存分歧》，2011 年 11 月 24 日，http：//www.mofcom.gov.cn/aarticle/i/jyjl/k/201110/20111007795745.html。

为，在不同国家之间，管理系统、法律框架、决策过程以及制度类型和有效性常常千差万别。在此不同条件下，早期的来自一国的水资源一体化管理经验并不能简单适用于跨国合作。而在非洲地区，由于各国发展水平差距较大，区域间政治、民族、跨界等问题较多。这是在电源开发和电网建设方面潜在的较大政治不协调性因素。

（二）对未来中国与非洲基础设施合作发展环境的评估

1. 投融资环节存在的主权债务风险

非洲当前的经济增长特征，决定了非洲要实施大规模的跨国跨区域基础设施建设不得不进行主权担保负债。近年来非洲经济增长形势较好，近 10 年来基本保持了 5% 左右的增长率。即使在国际金融危机期间，非洲经济仍保持了较好的经济活力。但是，从经济结构来看，非洲经济的二元性结构仍很突出，并没有明显的改善。当前非洲的经济增长仍是外生性的。其主要动力来自新兴市场国家，特别是中国对原材料的强劲需求。此外，随着新兴市场国家的投资，很多国家对矿产资源的开发充满活力，一些国家相继成为重要的产油国。这些因素是非洲当前增长的主要动力，但很显然，非洲经济的竞争力并没有得到跨越式提高。

尽管目前一些非洲国家在进行主权担保融资方面表现得较为谨慎，但在一定程度上，这同国家多边金融机构，如国际货币基金组织等机构对非洲施加压力有很大关系。而要大规模实施跨国跨区域基础设施建设，主权担保债务是不得不面临的选择。

从非洲当前主权债务形势来看，仍较为严峻。长期以来，由于非洲国家经济结构单一，国内投资环境较差，私营资本逃离严重。外国资本流入以发展援助或优惠贷款为主，使得非洲债务结构以中长期公共主权债务为主。多数非洲国家的长期公共主权债务占债务总额的比重超过80%。始于1996年的国际多边金融机构倡导的对非多边债务减免，通过"中债穷国减债计划"（HIPC）和"多边债务减免"（MDRI），整体上使非洲国家的债务形势有了较大的好转，多数国家的负债率下降比重很大，目前基本上低于100%，维持在50%左右，一些国家甚至更低。可以说，目前债务形势是非洲国家近30年最好的时期。这种情况一方面基于大量债务的减免，另一方面同国际金融机构近年来严格要求和控制非洲借贷有关。尽管如此，非洲国家的债务水平较世界其他地区国家的总体规模和比例仍较高。

从发展中国家的发展经验来看，非洲国家的负债发展仍是长期存在的。从理论上看，由于非洲国家双缺口形势严重，国家要实现发展必须通过举债。从发展中国家的经验来看，拉美国家的工业化和现代化进程早在19世纪初就已经开始，其工业化水平和经济发展水平远远高出非洲国家，但是由于其负债发展中存在的问题及外部的冲击，20世纪80年代发生了严重的债务危机。从债务特征来看，由于拉美发展水平较高，其债务结构以私营债务为主。相比之下，非洲的债务还停留在以公共债务为主的水平，足见其经济水平的落后和市场活力的不足。从非洲的历史经验来看，这一风险隐患仍存在。在20世纪70年代，由于当时国际经济活力旺盛，发达国家的对外投资强劲。而非洲国家在独立后对发展有着较大的需求。在"冷战"对峙的情况下，发达国家将增加对非投资贷款作为拉拢非洲的重要手段。与此同时，发达国家对资源的需求较强，极大地带动了非洲的原材料出口。为此，在非洲经济发展快速增长阶段，很多非洲国家上马了大量项目，包括基础设施和加工制造业等。但是当1973年的石油危机发生后，由于发达国家流通紧缩，非洲的经济形势马上陷入了困境。在大量上马项目搁置的情况下，非洲国家政府不得不通过举债度日。从世界快速工业化发展国家的经验，特别是从中国工业化的奇迹来看，非洲国家要实现由外生因素拉动资源开发、初级产品的出口为特征的增长转向工业制成品出口比重上升为特征的增长，仍需要较长的时间。以主权债务担保融资进行跨国跨区域基础设施建设，贷款由此可能存在债务风险。

非洲跨国跨区域基础设施建设目前还存在很大的不确定性，包括区域项目的主权归属性，这导致债务人不明确的问题。在非洲，由于政局波动较大，更迭后的政府能否承认项目的债务也存在较大不确定性。从长期来看，当资源开发引发收益的不平衡时，国家间的争端将公开化。加之非洲很多国家因边界地区民族关系复杂，增加了项目运营的风险。

2. 投资企业的债务风险和项目后期运营风险

由于跨国跨区域基础设施项目所需资金庞大，且面临风险因素较多，国内企业几乎不可能独家支撑。为此当前考虑参与这些项目的中国企业主要是国有大型企业，参与方式主要考虑组成项目集团参与。对运营的可行性分析主要基于项目换资源以及后期市场开发。在当前一些非洲政府不愿承担主权担保的情况下，企业出于资源项目的开发而参与这类项目，将直接造成企业大量负债，并将直接承担下游市场开发的风险。

同西方公司合作产生股权风险。中国企业投资非洲跨国跨区域基础设施建设行业是发达国家的企业一般不愿意卷入的"陷阱"。这既有投资主体性质的差异，也有对投资利润和市场的考虑。但从中国企业在投资基础设施换取资源开发角度的可操作性来看，资源开发不得不寻求西方矿业公司合作。一方面，经过多年的经营，西方国家能源矿业公司在地理数据上拥有较强的优势，同时资源重要国家或地区早已被西方跨国公司瓜分完毕，中国企业面临的可供开发的区块大多资源条件一般、开发难度较大，这更增加了中国海外资源开发的难度和成本。另一方面，受资源开发项目地区的基础条件限制，一些西方公司虽拥有开发权但待价而沽，并不急于开发。中国要获取这些资源丰富的矿区进行开发，就不得不同其合作。而合作的可能方式即中国购入股权并参与开发基础设施建设。参与跨国跨区域基础设施建设存在成本高、资金回转率较低等问题。

投资在项目后期经营中所产生的风险。目前中国企业投资可行性主要依托相关项目的后期经营或资源开发。但实际上，非洲市场下游开发有待时日。从通信业来看，经过多年的快速膨胀式发展，非洲网络光缆发展迅速，不仅完成了大量的主干线网络建设，一些地区内网络也发展较快。信息传输速度快速成长，从 2000 年的近零传输速率发展到 2012 年每秒超过 16 太比特（Terabit）的超大容量。但是，在下游产业没有开发基础的条件下，这种成长速度直接造成企业利润严重下滑。约翰内斯堡独立电信通信产业顾问 Cornelis Groesbeek 曾表示，新增加的带宽可能降低宽带价格最多

90%，将使法国电信（France Telecom SA）与 Cable & Wireless Worldwide 等企业的缆线投资难以回收。非洲国家的通信费用可能也是全世界最低，在坦桑尼亚每个月的语音服务费用最低只有 2.9 美元。传输量过剩曾经造成缆线公司倒闭，大西洋两岸频宽供过于求造成美国网络公司 Global Crossing 在 2002 年宣布倒闭，这也是美国史上规模第四大的企业倒闭案件。部分业界人士担心历史重演，非洲可能再次重蹈大西洋宽带过剩的覆辙。高额的通信设备投资成为拓展非洲通信业务最大的阻碍，许多电话运营商甚至愿意接受较低的基础建设回收率，只要能通过提供服务获利，甚至是赔本投资也在所不惜。不过在非洲这块通信尚未普及的大陆上，有能力负担网络服务的客户似乎也没那么多，伦敦研究机构（Pyramid）分析师卡勒姆·阿赛尔（Kerem Arsal）就表示，设备价格是一大障碍，即使国家间的通信往来质量大幅改善，在接下来十年非洲高速网络的使用仍十分局限。[①] 从电力开发来看，目前，非洲国家，甚至区域组织和国际组织对非洲电源开发与电网建设关注点是非洲的居民用电。而非洲农村地区电耗严重，不仅存在大量的偷盗电现象，也由于输送网络缘故耗损严重。此外，由于工业缺乏，大型发电缺乏有效的耗能单位

---

① 《非洲运营商面临成长烦恼：宽带过剩无利可图》，2010 年 8 月 9 日，http：//it. sohu. com/20100809/n274072672. shtml。

支持。以中水电参与的印加电站来看，目前中水电比较担心项目建成后的大耗能单位的缺失问题。很显然，在未来5—10年内，这种担心是不无道理的。从道路项目来看，由于运力严重不足，项目运营可行性较差。

企业社会责任风险也是项目后期经营面临的突出问题。研究表明，中国企业在非洲很多跨区域大项目上难以成功竞标，很大程度上同中国企业对该方面工作的重视不够有关。而西方国家公司更重视该领域的标书体现，包括项目将创造的就业岗位数量、技术培训数量等。也有中资企业认为，对于项目的特许经营权，并不真实可靠，往往会使中国企业由此陷入经营困境。造成这一认识既有非洲市场环境较差的因素，如道路、电力项目中正常收费难以开展，也有中国企业国际化经营程度有待提高的问题。中国要实现非洲业务的经营，必须具备良好的跨国公司经营能力。

（三）中非基础设施合作路径

中非是休戚与共的命运共同体，关注非洲的发展也是着眼中国的发展。殖民关系结束的前后数百年里，西方人没有做到或不屑做的，中国人做到了。因此，对于非洲的基础设施建设，新时代的中国会一如既往地积极参与。结合非洲发展国情及国际合作形势，未来的中非基础设施合作路径应重视以下几个方面。

统筹全非战略，综合评估项目参与，避免政治、经济利益相互冲销。受发展条件等多因素影响，非洲不同地区，甚至同一地区不同国家间的利益也是存在差异的。而基础设施，特别是跨境跨区域基础设施的建设，会导致项目带来的利益差异进一步扩大，并最终影响到中国和相关国家的政治互信。因此，要防止因企业过分关注项目利益，而忽略国家外交关注重点。

坚持政府搭台、企业积极参与非洲基础设施建设的指导原则。一方面，在"一带一路"合作原则下，重视基础设施合作中以市场为主导的企业发挥更大的作用。这既符合市场的规律，也表明了中国通过政府资源，包括技术援助、优惠贷款、无偿援助等手段尽可能促进非洲相关领域的发展。另一方面，确立非洲公共服务类中的大型基础设施项目重点依托当地产业布局的原则，特别是围绕区域内国家的一体化合作规划。这不仅便于得到相关国家在政策支持、资源使用等方面的优先，同时依托产业的基础设施规划将有助于降低项目资本回收周期，尽快实现项目可持续运营，避免产生不良债务。此外，依托地区一体化的项目，有助于推动非洲区域一体化的发展，促进资源的流动和市场的整合。

加大有条件国家具有代表性项目的试点合作。一方面要重视项目选择。近年来，中国企业在非洲的开发过程中出于自身业务发展需要或履行企业社会责任，已经为非洲建设了较多的道路、电力、用水等设施。在整合这些基础设施的基础上，分段参与非洲跨区域基础设施建设，既有助于整合前期合作成果，形成规模效应，又有助于避免项目投资过大造成的经济风险。另一方面要重视项目主导国的选择。在局势复杂的非洲地区，选择互信度高、能力和影响力较大的国家作为合作对象对于中国参与非洲基础设施建设的可持续性意义重大。

加强项目各环节的评估与监管，确保参与非洲基础设施建设稳妥、有序推进。一方面，基于参与非洲跨国跨区域基础设施建设的战略性及风险性，应组成涵盖多领域专家的专门负责机构，加强对具体项目在可行性研究、实施、融资、后期运营管理等方面的调研和监管，使对具体项目各个环节的评估和设计更客观和符合国家长远利益。另一方面，要求中国企业施工从严把关质量，严格遵守当地法律及用工制度。基础设施建设项目影响广泛和深远，从战略高度重视工程质量，保障当地工人权益，有助于维护中国形象和提升企业竞争力。

重视评估项目的后期参与能力和风险。中国企业在考虑项目融资时，可将项目建成后运营收入作为可行性研究的重要基础。这种假设存在一定的风险。民众不会考虑项目的融资，但更多会关注项目建成后的所属。如公路项目，按照中国经验，项目建成后可通过后期经营偿还贷款，如众多的收费公路。即使不考虑非洲运力不足的问题，很多公共产品的项目收费也是被非洲民众所不认同的。

避免信息不对称或部门利益驱使下的盲目参与项目。参与非洲跨国跨区域基础项目的主体主要是国有大中型企业和银行。中国在评估相关项目时存在以下严重问题：投资机构的非完全市场主体地位，导致对项目的长远经营缺乏足够风险认识，功利性较强，甚至存在部门短期利益；评估机构不独立或缺少真正影响项目的建议权；相关部门存在严重信息不对称问题，如外交系统不掌握相关企业的投资计划和具体情况，因而不能将所在国及地区的战略重要性与项目的短期经济利益汇总分析并提供建议；企业基于商业利益不愿将核心信息与相关分析机构分享等。类似因素都是造成近年来很多对外投资项目"交学费"的重要原因，应给予足够的关注。

加快相关下游配套产业的输出及相关行业对当地技术人员的培训。参与基础设施建设应和中国未来的产业链转移相挂钩。因此，加大当地技术人员的培训，不仅有助于项目建成后的长期经营，同时也符合当前非洲国家强烈要求加强技术合作的需求。

　　基础设施建设项目应加强国际合作。"一带一路"是开放的合作平台，旨在通过互联互通为更多国家注入经济活力并实现不同地区的普惠式发展。因此，中国欢迎世界各国广泛地参与到非洲的基础设施建设中。一方面，重视同美欧等国家之间的合作，特别是同欧洲国家间的合作，使其成为中非经贸合作的受益者，这有助于降低项目所在地区政治不稳定带来的风险。另一方面，重视同新兴市场国家在项目中的合作，有助于壮大国际经济秩序中对新兴市场国家利益的维护队伍。事实上，多数跨国跨区域项目实际推动方既有发达国家也有非洲新兴大国，如在南北廊道项目（NSC）中，南部非洲开发银行（DBSA）及英国国际发展部就是该项目的管理和推动机构，因此应加强与其合作。此外，还应寻求建立包括中国、非洲相关国家、西方发达国家等多国多机构的基础设施建设基金，既可实现综合融资，又可降低中国投资风险。

参考文献

习近平：《开启中非合作共赢、共同发展的新时代——在中非合作论坛约翰内斯堡峰会开幕式上的致辞》，2015 年 12 月 4 日，新华网，http：//news. xinhuanet. com/world/2015-12/04/c_ 111736319 7．htm。

《非盟轮值主席穆加贝：殖民者应该听听习主席的讲话》，2015 年 12 月 5 日，人民网，http：//news. cri. cn/gb/42071/2015/12/05/5951s5188856. htm。

朱杰进：《二十国集团的定位与机制建设》，《阿拉伯世界研究》2012 年 5 月第 3 期。

《非洲基础设施有多差？中资贡献有多大？》，2018 年 4 月 15 日，凤凰网，http：//finance. ifeng. com/a/20180415/16089823_ 0．shtml。

《潜力＋财力＋合力＝电力非洲能源部长会议描绘非洲能源发展前景》，2011 年 9 月 23 日，科技网,http：//

www. stdaily. com/kjrb/content/2011-09/23/content_
351043. htm。

驻南非经商处：《泛非公路网规划》，2010 年 10 月 20
日，商务部网站，http：//www. mofcom. gov. cn/aart
icle/i/jyjl/k/201010/20101007197657. html。

郝睿、蒲大可、许蔓：《中国参与非洲基础设施投资和
建设研究》，《国际经济合作》2015 年第 11 期。

驻塞内加尔使馆经商处：《中国为非洲基础设施建设最
大投资国》，2017 年 10 月 20 日，商务部网站，ht-
tp：//www. mofcom. gov. cn/article/i/jyjl/k/2017 10/
20171002661137. shtml。

《非洲需要共同的中国政策》，2018 年 5 月 30 日，转引
自肯尼亚《星报》5 月 28 日文章，http://oversea.
huanqiu. com/article/2018-05/12118125. html。

《中国铁路"走出去"助力非洲换新颜》，2017 年 5 月 1
日，人民网，http：//finance. people. com. cn/n1/20
17/0501/c1004-29246190. html。

驻肯尼亚使馆经商参处：《政治意愿缺乏将影响非跨境项
目实施》，2012 年 2 月 14 日，商务部网站，http：//
www. mofcom. gov. cn/aarticle/i/jyjl/k/20120。

《两刚大桥"项目各方意见仍存分歧》，2011 年 11 月 24
日，商务部网站，http://www. mofcom. gov. cn/aart
icle/i/jyjl/k/201110/20111007795745. html。

《非洲运营商面临成长烦恼：宽带过剩无利可图》，2010
年 8 月 9 日，搜狐网，http：//it. sohu. com/2010
0809/n274072672. shtml。

African Union Commission，*Agenda* 2063 *The Africa We
Want*，Popular version，Final Edition，April 2015.

VOA，*Foreign Investors See Potential in African Agriculture*，
http：//www. voanews. com/content/foreign-investor
s -see-potential-in-african-agriculture030111/157543.
htm，2014-07-08.

FAO，*Agricultural investment funds for developing countries*，
p. 10. Rome，2010，http：//www. fao. org/fileadmin/
user_ upload/ags/publications/investment_ funds. pd
f，2015-07-27

Ayşen Tanyeri-Abur and Nasredin Hag Elamin ，*Internation-
al Investments in Agriculture in the Near East Evidence
from Egypt*，Morocco and Sudan，FAO 2011，http：//
www. fao. org/fileadmin/templates/est/INTERNATIO
NAL-TRADE/FDIs/Egy_ Mor_ Sud. pdf,2015-07-08.

FAO，AAACP PAPER，Some Key Insights on the Role of
Foreign Direct Investment in Agriculture，http：//
www. fao. org/fileadmin/templates/tci/pdf/Interna-
tionalInvestment/AntiportaSummary/FDI_ in_ Agricul-
ture_ -_ short_ summary_ on_ KeyInsights. pdf,

2015-06-25.

The Africa Report 2011, Bloomberg, Financial data refers to 2009 or 2009/10, http：//www. howwemadeitinafrica. com/ranked-africas-top-20-agribusiness-companie s/ 13532/, 2015-06-12.

Devlin Kuyek, *The past predicts the Future：GM crops and Africa's farmers*, 18 October 2002, https：//www. grain. org/article/entries/344-the-past-predicts-the-future-gm-crops-and-africa-s-farmers, 2015-07-15.

The Role of the EU in Land Grabbing in Africa-CSO Monitoring 2009-2010 " *Advancing African Agriculture* " (*AAA*)：*The Impact of Europe' s Policies and Practices on African Agriculture and Food Security*, http：// www. future-agricultures. org/publications/search-publications/global-land-grab/conference-papers-2/129 2-the-role-of-the-eu-in-land-grabbing-in-africa-cso-moni toring-2009-2010-advancing-african/file, 2015-06-08.

UNIDO, *Country grouping in UNIDO statistics*, working paper 01/2013

John Page, *Should Africa Industrialize?*, Working Paper No. 2011/47, UNU-WIDER 2011, August 2011, p. 2, http：//www. wider. unu. edu/publications/working-papers/2011/en_ GB/wp201

1-047/＿ files/86171955552518219/default/wp2011-047. pdf，2012-4-22.

GREEN PAPER：*NATIONAL STRATEGIC PLANNING*，p. 7，http：//www. info. gov. za/view/Download-FileAction？ id＝106567 ，2012-1-3.

PIDA，*The Programme for Infrastructure Development in Africa：Transforming Africa through Modern Infrastructure*，https：//www. afdb. org/fileadmin/uploads/afdb/Documents/Generic-Documents/PIDA% 20brief% 20closing% 20gap. pdf.

杨宝荣，中国社会科学院西亚非洲研究所非洲研究室副主任、副研究员、硕士研究生导师。出版《债务与发展——国际关系中的非洲债务问题》《非洲开放式自主发展与"一带一路"中非产能合作》《列国志——喀麦隆》（合著）等著作，发表学术论文30余篇。累计获中国社会科学院优秀对策信息三等奖十余篇。

中国社会科学院西亚非洲研究所是根据毛泽东主席的指示于1961年7月4日创建的多学科综合性研究所，是目前中国规模最大、研究力量最集中的中东、非洲问题研究机构和智库。该所研究对象涉及中东、非洲74个国家和地区，重点研究当代中东、非洲地区，各国政治、经济、社会、民族、宗教、法律以及大国与中东、非洲，中国与中东、非洲等国际关系问题。主办学术期刊《西亚非洲》（双月刊），主编综合性年度研究报告集《中东黄皮书》和《非洲黄皮书》；主管中国社会科学院海湾研究中心和中国社会科学院西亚非洲研究所南非研究中心。全国性学术社团中国亚非学会和中国中东学会挂靠于该所。中国社会科学院研究生院西亚非洲研究系设在该所，招收和培养中东和非洲政治、经济和国际关系等专业方向的硕士和博士研究生，为国内中东非洲研究培养专业人才。经过近60年的发展，西亚非洲研究所已逐步成为国内外中东非洲研究领域的知名学术机构。

中国社会科学院国际合作局是负责组织推进全院对外学术交流合作的职能部门。中国社会科学院对外交流合作遍及 100 多个国家和地区，同海外 160 余个机构建立了协议交流关系，其中主要是各国科学院、国家级科研机构、高端智库、知名学府以及重要国际组织。对外学术交流的形式主要有学者互访、举办国际研讨会、合作研究、培训、出版等。近年来，每年中外学者互访达 5000 余人次，举办国际性学术会议 150 余场。与 10 余个国家的科研机构共同组织开展合作研究项目。近五年来，与国外知名学术出版社合作，对外翻译出版学术著作 700 余部。印行《中国社会科学》等 16 种英文学术期刊。在海外已建立形成中国研究中心网络。

中国社会科学出版社成立于 1978 年 6 月，是由中国社会科学院主管的一家以出版哲学社会科学学术著作为主的国家级出版社。1993 年首批荣获中共中央宣传部和国家新闻出版总署授予的全国优秀出版社称号。中国社会科学出版社成立 40 周年以来，出版了大量人文社会科学学术精品，图书先后获得国家图书奖荣誉奖、国家图书奖、中国图书奖、中国出版政府奖图书奖、"中国好书"奖、中华优秀出版物奖、"三个原创一百"图书奖和全国优秀通俗理论读物奖等国家级奖励。在南京大学中国社会科学评价研究院发布的《中文学术图书引文索引》中，中国社会科学出版社图书被引综合排名在全国近 600 家出版社中位居第四；在中国文化走出去效果评估中心发布的《中国图书海外馆藏影响力研究报告》中，中国社会科学出版社海外馆藏影响力位列第一。近年来，中国社会科学出版社在《剑桥中国史》《中国社会科学院学者文选》等传统图书品牌的基础上，打造"中社智库"丛书，《理解中国》丛书、《中国制度》丛书等出版品牌，已经发展成为我国马克思主义理论的重要出版阵地、哲学社会科学出版重镇、国家高端智库成果的重要发布平台和中国学术"走出去"的主力军。